공간 컴퓨팅과 생성형 AI의 결합

AI문고

인공지능 시대입니다. 기계가 인간의 인지를 대신하고, 사물이 인간을 통하지 않고 다른 사물과 직접 커뮤니케이션합니다. 이에 따른 인간 삶과 문명 변화를 정확히 이해·예측·대응하는 것은 이 시대 우리 모두의 과제입니다. AI문고는 인공지능 기술과 환경의 여러 주제를 10가지 키워드로 정리합니다. 관련 개념과 이론, 학계와 산업계의 쟁점, 우리 일상의 변화를 다룹니다. 인간과 기술의 현재, 미래를 세심히 분석합니다.

일러두기

- 인명, 작품명, 저서명, 개념어 등은 한글과 함께 괄호 안에 해당 국가의 원어를 병기했습니다.
- 외래어 표기는 현행 어문규정의 외래어표기법을 따랐습니다.

처음이세요?
전문가세요?

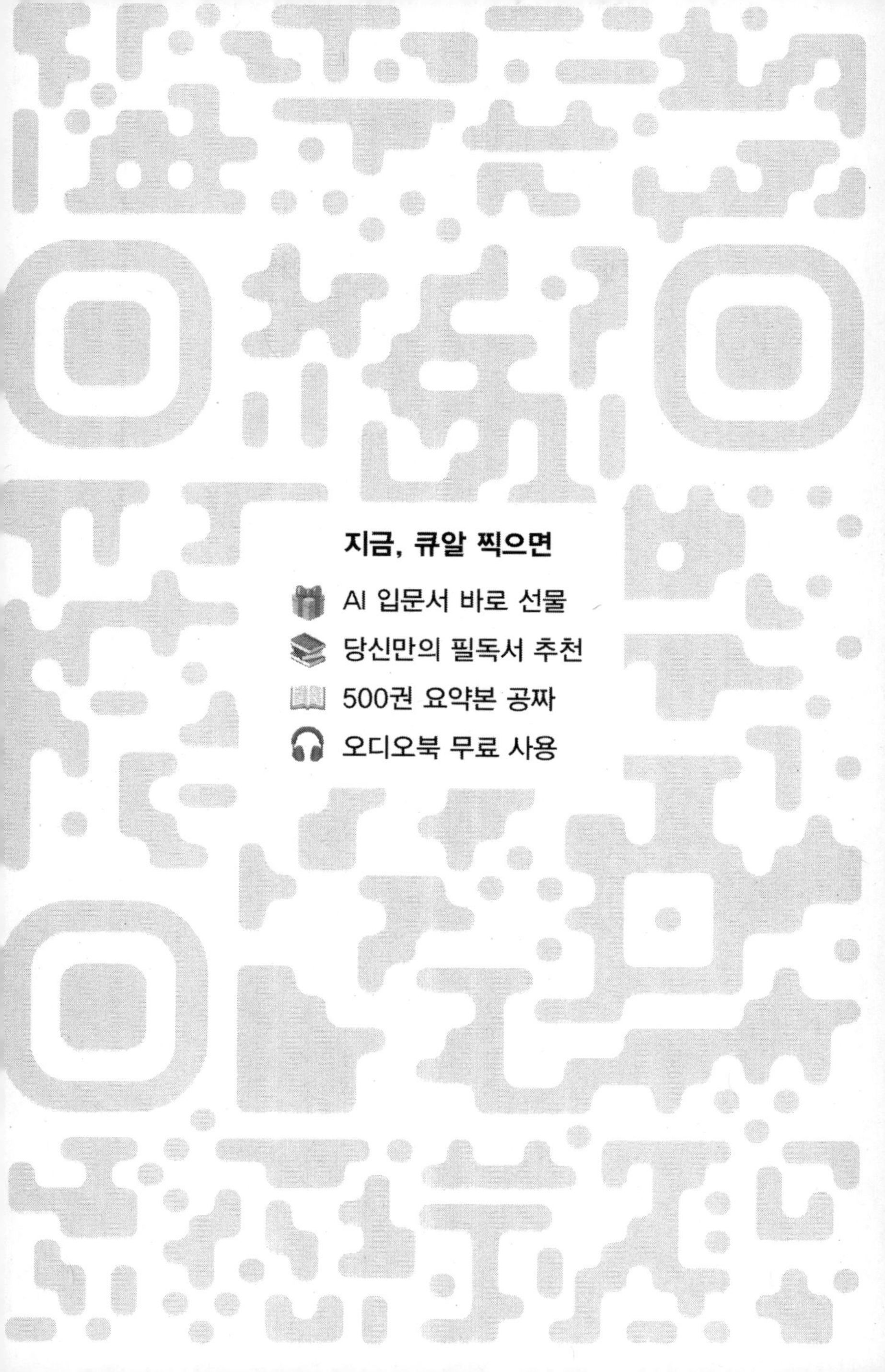
지금, 큐알 찍으면
AI 입문서 바로 선물
당신만의 필독서 추천
500권 요약본 공짜
오디오북 무료 사용

공간 컴퓨팅과 생성형 AI의 결합

오연재

대한민국, 서울, 커뮤니케이션북스, 2026

공간 컴퓨팅과 생성형 AI의 결합

지은이 오연재
펴낸이 박영률

초판 1쇄 펴낸날 2026년 2월 19일

커뮤니케이션북스(주)
출판 등록 2007년 8월 17일 제313-2007-000166호
02880 서울시 성북구 성북로 5-11
전화(02) 7474 001, 팩스(02) 736 5047
commbooks@commbooks.com
www.commbooks.com

ISBN 979-11-430-1846-5 03500

책값은 뒤표지에 표시되어 있습니다.

차례

스크린을 부수고 나온 앨리스, AI를 만나다

납작한 유리 감옥에 갇힌 사람들

지금 이 글을 읽고 있는 독자는 잠시 고개를 들어 주위를 둘러보라. 지하철, 카페, 심지어 횡단보도 앞에서도 사람들은 약속이라도 한 듯 고개를 숙이고 무언가를 응시하고 있다. 그들의 시선이 닿은 곳은 손바닥만 한 직사각형의 유리 조각, 스마트폰이다.

인간의 신체는 깊이와 부피가 존재하는 3차원 입체 공간에서 호흡하지만, 정작 우리의 정신은 하루 24시간 중 깨어 있는 대부분의 시간을 5인치, 길어야 20인치 남짓한 평면 속에 구겨 넣고 살아간다. 인류 역사상 이토록 오랫동안, 그리고 이토록 집단적으로 '납작한 세상'에 갇혀 지낸 적은 없었다.

나는 이것을 현대인이 겪는 기이한 '감각의 불일치'라 명명한다. 우리는 마치 루이스 캐럴의 소설 속 '이상한 나라의 앨리스'와 같다. 거울 너머에 신비로운 세상이 존재함을 알면서도, 차가운 유리 표면만을 만지작거리고 있는 형국이다. 기술은 고도로 발달했다고 자부하지만,

우리가 경험하는 디지털 세상은 여전히 사각형 프레임이라는 한계에 봉착해 있다. 창문은 바깥세상을 보여 주지만, 우리를 그 안으로 들여보내 주지는 않는다.

그러나 기술의 역사는 언제나 이 답답한 프레임을 파괴하는 방향으로 진화해 왔다. 텍스트는 이미지를 불렀고, 이미지는 영상을 호출했다. 그리고 이제, 영상은 스크린을 찢고 나와 우리가 발 딛고 선 현실 공간 그 자체가 되려 한다. 애플의 비전 프로(Vision Pro)나 메타 퀘스트(Quest)와 같은 기기의 등장은 마침내 '공간' 그 자체가 디스플레이가 되는 '공간 컴퓨팅(Spatial Computing)' 시대의 개막을 알렸다.

2014년, '디지털 노동'의 기억

시간을 10여 년 전으로 되돌려 본다. 2014년, 나는 "모바일 증강현실 기반의 효율적인 설계도면 3D 모델 시각화 시스템"이라는 주제로 첫 번째 박사 학위 논문을 집필했다. 제목만 보면 '효율'과 첨단 기술이 가득한 장밋빛 미래를 이야기하는 듯하다. 당시에도 '증강현실(AR)'이나 '가상현실(VR)'은 뉴스에 자주 등장하는 화제의 키워드였기 때문이다.

하지만 그 논문의 이면에는 연구자로서의 깊은 고뇌

와 육체적 고단함이 숨어 있었다. 당시의 AR 기술은 '까막눈'이나 다름없었다. 카메라가 현실 공간을 인식하게 하려면 벽과 바닥에 검은 테두리의 사각형 종이인 '마커(Marker)'를 부착해야 했다. 마커가 조금만 가려져도 화면 속 3D 모델은 길을 잃고 허공으로 사라지기 일쑤였다. 나는 연구실 바닥을 기어다니며 마커를 붙이고, 조명을 조절하느라 밤을 지새우곤 했다.

더 큰 문제는 콘텐츠의 부재였다. 가상 공간에 배 한 척, 기계 부품 하나를 띄우기 위해 모니터 앞에서 수천 번 마우스를 클릭해야 했다. 점(Vertex)을 찍고, 선(Edge)을 잇고, 면(Face)을 깎아 내는 모델링 작업은 고독한 수행과도 같았다. 논문 제목은 '효율'이었으나, 정작 현실의 나는 고독한 '디지털 막노동꾼'에 불과했다. 사과 하나를 만드는 데 꼬박 하루가, 방 하나를 꾸미는 데 일주일이 걸리는 비효율의 연속이었다.

"이 광활한 가상 공간을 대체 누가 다 채우나?" 그것은 당시 모든 전문가가 애써 외면했던 불편한 진실이었다. 공간은 무한대로 넓어졌지만, 그곳은 비어 있었고 외로웠다. 콘텐츠를 만드는 인간의 손은 너무나 느렸고, 비용은 너무나 비쌌기 때문이다. 이것이 지난 10년간 메타버스가 그 화려한 청사진에도 불구하고 대중화되지 못했던 결정적인 병목 구간이었다.

기술 너머의 가치를 찾아서: 공학자의 외도

기술적 한계에 봉착한 나는 잠시 시선을 돌렸다. "기술만으로는 부족하다. 이 공간이 진짜 가치를 지니려면 무엇이 필요한가?"라는 근원적인 질문을 품게 되었다. 이에 공학자의 길을 잠시 멈추고 부동산과 경제학을 파고들었다. 그리고 2024년, "AI시대 대학생의 경제가치관과 경제금융인식에 관한 연구"로 두 번째 박사 학위를 받았다.

이 과정은 외도가 아니라 확장이었다. 부동산 시장에서 AI가 빅데이터를 분석해 최적의 입지를 찾아내고, 핀테크 시장에서 알고리즘이 자산을 증식하는 원리를 연구하며 깨달았다. 공간 컴퓨팅이 성공하려면 단순히 화려한 3D 그래픽을 보여 주는 것을 넘어, 사용자에게 '경제적 가치'와 '실질적 효용'을 제공해야 한다는 사실을 말이다. 기술은 그 자체로 목적이 아니라, 가치를 창출하는 도구여야 했다.

알라딘의 램프가 된 생성형 AI: 3단계 내레이션의 혁명

그리고 2022년, 드디어 10년 전의 기술적 갈증과 최근의 경제적 통찰을 하나로 묶어 줄 열쇠를 찾았다. 바로 '생성형 AI(Generative AI)'다.

최근 "GPT 프롬프트 기반 드론 가상현실 문화유산 해설 시스템"을 개발하며 전율을 느꼈다. 과거에는 문화유산 가상 투어를 만들려면 성우를 섭외해 녹음하고, 개발자가 일일이 자막을 코딩해야 했다. 정보는 고정되어 있었고, 관람객이 지루함을 느껴도 시스템은 이를 인지하지 못했다.

하지만 이번엔 달랐다. '프롬프트 엔지니어링'을 통해 AI에게 '전문 큐레이터'라는 페르소나(Persona)를 부여했다. "당신은 친절한 문화유산 해설사입니다. 드론이 촬영한 웅장한 풍경에 맞춰 감탄하는 어조로 설명해 주세요." 이 프롬프트가 입력되자, AI는 드론의 위치 좌표(GPS)와 문화재 데이터를 분석해 실시간으로 유려한 해설 대본을 작성해 냈다.

여기서 끝이 아니다. 생성된 텍스트는 즉시 AI 음성(TTS)으로 변환되었고, 화면 속 3D 캐릭터는 그 음성에 맞춰 입 모양(Lip-sync)과 손짓을 자동으로 연기했다. 10

년 전에는 수십 명의 팀원이 몇 달을 매달려야 했던 것이 이제는 자동화 파이프라인을 통해 순식간에 탄생한 것이다. 이것은 단순한 기술의 발전이 아니다. 기술이 인간의 노동을 대체하는 것을 넘어, 인간의 상상력을 현실로 즉시 '출력'해 주는 도구로 진화했음을 의미한다.

보는 것(View)을 넘어 체험하는 것(Experience)으로: 치유의 공간

이 기술은 엔터테인먼트를 넘어 인간의 마음을 어루만지는 영역으로 확장되고 있다. 나는 현재 "생성형 AI 기반 말기환자 맞춤형 호스피스 케어 플랫폼"과 "노인 맞춤형 신체활동 지원 플랫폼"을 설계하고 있다.

죽음을 앞둔 호스피스 병동의 환자들은 극심한 정서적 고립감을 겪는다. 이때 VR 기기는 단순한 기계가 아니다. AI는 환자의 생체 신호와 표정을 실시간으로 분석한다. 환자가 우울해 보이면 AI는 따뜻한 음성으로 위로를 건네며, 환자가 젊은 시절 가장 행복해했던 고향의 풍경을 가상 공간에 복원해 준다. 또 거동이 불편한 어르신들에게는 AI가 실시간으로 움직임을 분석하여, 무리하지 않는 범위 내에서 최적의 운동을 제안하고 격려한다.

이것은 먼 미래의 공상과학이 아니다. 공간 컴퓨팅이

라는 '그릇'에 생성형 AI라는 '내용물'이 담기는 순간, 기술은 차가운 기계장치를 넘어 인간의 존엄과 정서를 돌보는 따뜻한 손길이 된다. 우리는 이제 스크린 밖에서 정보를 '관람'하는 관객석을 떠나, 공감과 치유가 일어나는 경험의 한가운데로 걸어 들어가고 있다.

호모 파베르에서 호모 프롬프트로

이 책은 복잡한 공학 용어로 가득 찬 기술 매뉴얼이 아니다. 대신, 거대한 기술의 파도 앞에서 서핑보드에 올라타고 싶은 크리에이터, 기획자, 그리고 호기심 많은 독자들을 위해 쓰였다.

과거에는 손기술이 뛰어난 '기능인', 즉 '호모 파베르(Homo Faber)'만이 가상 공간을 만들 수 있었다. 복잡한 3D 툴의 기능을 암기하고 단축키를 능숙하게 다루는 것이 권력이었던 시대였다. 하지만 이제는 다르다. 엉뚱한 상상을 하고 매력적인 질문을 던질 줄 아는 '질문하는 인간', 즉 '호모 프롬프트(Homo Prompt)'가 공간을 지배한다.

나의 10년 전 연구가 텅 빈 공간과 싸우는 외로운 '만들기'의 과정이었다면, 이제 독자들이 맞이할 세상은 AI라는 강력한 파트너와 함께하는 신나는 '지휘'의 여정이 될 것이다.

자, 이제 납작한 사각형의 감옥을 탈출할 시간이다. 스크린 너머, 그 무한하고 입체적인 공간으로 당신을 초대한다.

01
텍스트 투 3D와 공간 생성
: 언어가 조각칼이 되는 순간

텍스트 투 3D 기반의 공간 생성 기술은 왜 중요한가. AR · VR · 메타버스와 같은 가상 공간을 채우는 3D 콘텐츠 제작의 난이도와 비용을 혁신적으로 낮추기 위해서는 이러한 생성형 AI 기술의 도입이 필수적이다. 과거에는 폴리곤을 일일이 만드는 디지털 막노동이 필요했지만, 이제는 텍스트 투 3D 도구를 통해 누구나 프롬프트만으로 수준 높은 3D 자산을 만들 수 있다. 즉 상상력이 경쟁력이 되는 공간 컴퓨팅 시대가 열리고 있다.

기후 위기와 인공지능?

서론: 텅 빈 공간의 공포와 채움의 욕망

인류의 예술사는 평면 위에 입체를 구현하고자 했던 투쟁의 기록이다. 알타미라 동굴의 울퉁불퉁한 암벽을 이용해 들소의 근육을 표현하려 했던 원시의 화가부터, 수학적 원근법을 통해 캔버스라는 2차원의 감옥에 3차원의 깊이를 억지로 구겨 넣으려 했던 르네상스의 거장들에 이르기까지, '공간'을 재현하려는 욕망은 인간의 본능과도 같았다. 그러나 21세기에 이르러 디지털 기술이 마침내 공간 자체를 창조하는 단계에 진입했을 때, 우리는 역설적이게도 가장 거대한 장벽에 직면했다. 그것은 바로 '비어 있음(Emptiness)'이라는 공포였다.

하드웨어의 발전으로 무한히 확장될 수 있는 가상 공간(Metaverse)을 창조해 냈으나, 정작 그 광활한 대지를 채울 사물과 생명은 턱없이 부족했다. 신은 말씀으로 세상을 창조했다지만, 인간 개발자는 마우스 클릭으로 세상을 조립해야 했기 때문이다. 이 글은 그 텅 빈 공간을 채우기 위해 점과 선을 연결하며 밤을 지새웠던 한 공학자의 지난한 투쟁기이자 마침내 도래한 '생성형 AI'라는 구원자에 대한 기록이다. 언어가 곧 물질이 되고, 문장이 곧 공간이 되는 새로운 창세기의 현장을 목격해 보자.

2014년의 회고: 디지털 막노동꾼의 고독한 수행

첨단 기술의 이면, 육체노동의 현장

시간의 수레바퀴를 2014년으로 되돌려 본다. 당시 나는 "모바일 증강현실 기반의 효율적인 설계도면 3D 모델 시각화 시스템"이라는 주제로 박사 학위 논문을 집필하고 있었다. 논문의 제목만 놓고 본다면, 이는 4차 산업혁명의 최전선에 있는 '효율적'이고 '첨단'적인 연구처럼 보였을 것이다. 복잡한 선박이나 거대한 건축물의 2D 설계 도면(CAD)을 스마트폰 카메라로 비추면, 그 즉시 증강현실(AR) 기술이 적용되어 배관과 기둥이 솟아오르는 3차원 모델을 시각화하는 것이 내 연구의 목표였다.

그러나 연구실의 불이 꺼지지 않던 숱한 밤들 속에서 내가 마주한 현실은, 화려한 미래 기술과는 거리가 먼 처절한 '디지털 막노동'의 연속이었다. 당시의 AR 기술은 그야말로 '까막눈' 수준이었다. 카메라가 현실 공간의 깊이와 평면을 스스로 인식한다는 것은 상상조차 할 수 없는 일이었다. 기계가 자신의 위치를 파악하게 하려면, 나는 연구실 바닥과 벽면에 검은 테두리의 사각형 종이인 '마커(Marker)'를 덕지덕지 붙여야 했다. 마치 헨젤과 그레텔이 길을 잃지 않기 위해 빵 부스러기를 흘리듯, 기계가 길을 잃지 않게 하기 위한 표식을 일일이 깔아 두는 작업이었다.

폴리곤 감옥에 갇힌 창작자

하지만 불안정한 트래킹 기술보다 나를 더 깊은 절망으로 몰아넣은 것은, 화면 속에 띄워야 할 '3D 콘텐츠'를 제작하는 과정 그 자체였다. 현실 세계는 이미 원자와 분자로 꽉 차 있지만, 모니터 속 가상 세계는 완벽한 진공 상태였다. 그곳에 배 한 척, 아니 작은 기계 부품 하나를 띄우기 위해서 나는 수천 번, 아니 수만 번 마우스를 클릭해야 했다.

전통적인 3D 모델링 과정은 가혹한 수행과도 같았다. 허공에 좌표를 찍어 점(Vertex)을 생성하고, 그 점들을 연결해 선(Edge)을 잇고, 선을 닫아 비로소 면(Face)을 만들어 내야만 다각형 덩어리인 '폴리곤(Polygon)'이 탄생했다. 이것은 흙을 빚는 것처럼 직관적이지 않았다. 수치와 좌표, 그리고 기하학적 논리에 따라 점 하나하나를 통제해야 하는 고도의 집중력이 요구되는 작업이었다.

고난은 여기서 끝나지 않았다. 회색빛 덩어리에 생명

력을 불어넣기 위해서는 'UV 매핑(UV Mapping)'이라는 고통스러운 과정을 거쳐야 했다. 이는 3차원 입체 도형의 껍질을 벗겨 2차원 평면으로 쫙 펼치는 작업으로, 마치 복잡한 옷본을 뜨는 재단사의 일과 흡사했다. 그 펼쳐진 전개도 위에 나무 질감이나 금속 질감의 이미지(Texture)를 한 땀 한 땀 입혀야 비로소 그럴듯한 물체가 되었다. 만약 이 물체를 움직이게 하려면? 뼈대를 심고 관절을 연결하는 '리깅(Rigging)'이라는, 외과 수술에 버금가는 고난도 작업까지 수행해야 했다.

병목 구간의 발견

명색이 공학 박사 과정생이었지만, 나의 일상은 하루 중 대부분을 점을 찍고 면을 깎는 단순 반복 노동에 쏟아붓는 것이었다. 사과 하나를 만드는 데 꼬박 하루가 걸렸고, 방 하나를 꾸미는 데는 일주일이 걸렸다. 그때마다 나는 모니터를 멍하니 응시하며 자조 섞인 질문을 던지곤 했다.

"이 광활한 메타버스 공간을 대체 누가 다 채우나? 인간의 손으로는 100년도 부족하다."

그것은 당시 모든 전문가가 애써 외면하고 싶었던 불편한 진실이었다. 공간은 무한히 넓어졌지만, 그곳은 비어 있었고 외로웠다. 콘텐츠를 만드는 인간의 손은 너무나 느렸고, 그 비용은 너무나 비쌌기 때문이다. 이것이 지난 10년간 메타버스가 장밋빛 청사진에도 불구하고 대중화의 문턱을 넘지 못했던 결정적인 '병목 구간'이었다.

언어가 형상이 되는 기적: 생성형 AI와 텍스트 투 3D

마법의 지팡이, 생성형 AI의 등장

그로부터 10년이 지난 2025년, 마침내 그토록 갈망하던 '마법의 지팡이'가 우리 손에 쥐어졌다. 바로 생성형 AI(Generative AI)를 기반으로 한 '텍스트 투 3D(Text to 3D)' 기술의 등장이다. 이 기술의 출현은 단순한 도구의 개선이 아니라, 창작의 패러다임을 근본적으로 뒤흔드는 혁명이었다.

이제 더 이상 폴리곤의 개수를 신경 쓰며 밤을 새우거나, UV 맵이 꼬여서 절규할 필요가 없어졌다. 우리는 그저 키보드 위에 손을 얹고, 머릿속의 이미지를 언어로 서술하기만 하면 된다.

"오래된 빅토리아풍의 가죽 소파를 만들어 줘. 가죽은 짙은 갈색이고, 세월의 흔적으로 모서리가 약간 해져 있어야 해. 다리는 앤티크한 목재로 조각되어 있게 해 줘."

이 프롬프트(Prompt) 한 줄이 입력되는 순간, AI는 학습된 수십억 개의 3D 데이터셋과 이미지의 기하학적 구조를 참조하여, 불과 몇 초 만에 3D 모델을 뚝딱 생성해 낸다. 과거의 내가 일주일 내내 매달려야 했던 작업물이 커피 한 모금을 마시는 짧은 시간 안에 완료되는 것이다. 나는 최근의 연구 프로젝트에서 이 기술을 활용해 문화유산 해설 시스템에 들어갈 3D 아바타와 소품을 순식간에 생성해 냈다. 10년 전, 연구실 바닥에 쭈그리고 앉아 마커를 붙이던 내가 그토록 꿈꾸던 미래가 비로소 현실이 된 것이다.

혁명을 이끄는 도구들

이 거대한 변화는 구체적인 소프트웨어 서비스들을 통해 우리 곁에 실재하고 있다. 과거에는 마야(Maya)나 블렌더(Blender) 같은 복잡한 소프트웨어를 수년간 배워야 했지만, 지금은 웹사이트에 접속해 채팅하듯 입력하면 된다.

루마 AI(Luma AI)는 '3D계의 미드저니'라 불린다. 텍스트를 입력하면 10초 내외로 네 가지 버전의 3D 시안을 내놓는다. 사용자는 그중 가장 마음에 드는 것을 선택해 고해상도로 변환하기만 하면 된다. 2014년엔 사과 하나를 깎기 위해 반나절을 씨름했지만, 이제 루마 AI로는 10초 만에 각기 다른 모양의 사과 네 개를 만들어 낼 수 있다.

메시(Meshy)는 '게임 개발자의 구원투수'다. 텍스트뿐만 아니라 2D 이미지를 3D로 변환하는 기능이 탁월한데, 특히 생성된 모델의 표면 구조(Topology)가 매우 깔끔하다. 내가 그린 낙서를 올리면, 메시는 그것을 게임 엔진에서 즉시 사용할 수 있는 고품질의 3D 피겨(figure)로 변환해 준다.

스플라인(Spline) AI는 '말하는 대로 고쳐 주는 디자이너'다. 기존에는 마우스로 점을 당기고 메뉴를 찾아 가며 색상을 바꿔야 했지만, 스플라인에서는 AI에게 말을 걸면 된다. "의자 색을 좀 더 따뜻한 노란색으로 바꿔 줘", "표면을 더 부드럽게 다듬어 줘." 이 명령에 따라 AI는 실시간으로 디자인을 수정한다. 손이 아니라 '말'로 디자인하는 시대가 온 것이다.

호모 파베르에서 호모 프롬프트로: 창조성의 대전환

창작의 민주화와 자산의 폭발

이러한 도구들의 등장이 시사하는 바는 명확하다. 바로 '창작의 민주화'다. 지금까지 3D 콘텐츠 제작은 고성능 컴퓨터와 난해한 기술을 가진 소수 전문가의 성역이었다. 그러나 이제는 누구나 자신의 상상력을 가상 공간에 구현할 수 있게 되었다. 내가 종이에 대충 그린 낙서, 여행지에서 찍은 낡은 가로등 사진 한 장이 순식간에 3D 자산(Asset)이 되어 가상 세계를 채운다.

경제적인 관점에서도 이는 엄청난 변화다. 메타버스나 디지털 트윈을 구축할 때 가장 큰 비용을 차지하던 그래픽 리소스 제작비가 '0'에 수렴하게 된다. 생산 비용의 하락은 공급의 폭발을 가져오며, 이는 곧 텅 비어 있던 메타버스가 드디어 풍성한 콘텐츠로 채워질 준비가 되었음을 의미한다.

노동자에서 지휘자로: 인간 역할의 재정의

이러한 기술적 진보는 인간의 역할을 근본적으로 재정의한다. 이제 인간 디자이너는 점을 찍고 면을 만드는 단순 반복적인 '기능적 노동'에서 해방된다. 대신 전체적인 공간의 분위기를 조율하고, 맥락을 기획하고, 스토리를 입히는 '디렉터(Director)'의 역할로 승격된다.

AI는 수십 개의 소파를 순식간에 만들어 낼 수 있다. 그러나 그중에서 우리 집 거실의 분위기에 딱 맞는 소파가 무엇인지, 그 소파를 창가에 배치할지 벽면에 배치할지, 그리고 그 위에 어떤 조명을 비출지를 결정하는 것은 여전히 인간의 몫이다. 과거의 나는 폴리곤 하나하나에 집착하며 기술적 완성도에 매몰된 '기능인(Homo Faber, 도구의 인간)'이어야 했다. 하지만 지금, 그리고 앞으로의 창작자들은 강력한 AI 도구들을 오케스트라처럼 지휘하며, 무엇을 만들지 질문하는 '호모 프롬프트(Homo Prompt, 질문하는 인간)'가 되어야 한다.

상상력, 유일한 한계이자 기준

기술의 장벽이 무너진 자리에는 새로운 기준이 세워졌다. 그것은 바로 '상상력'이다. 텍스트 투 3D의 시대에는 기술적 장벽이 사라진 만큼, '무엇을 상상하는가'가 실력의 척도가 된다. 언어는 이제 소통의 수단을 넘어 공간을 짓는 벽돌이 되고, 조각을 깎는 칼이 되었다. 당신의 어휘력이 곧 당신이 만들 세계의 해상도가 되며, 당신의 질문이 곧 그 세계의 깊이가 된다.

결론: 당신은 어떤 주문을 외울 것인가

2014년의 내가 텅 빈 모니터 앞에서 느꼈던 그 막막함과 고독은 이제 역사의 뒤안길로 사라지고 있다. 우리는 인류 역사상 처음으로, 상상하는 즉시 눈앞에 현실이 되는 마법의 시대를 살아가고 있다. 스크린이라는 납작한 감옥을 부수고 나온 영상은 이제 입체를 입고 우리 곁에 섰으며, 그 입체를 창조하는 권능은 소수의 기술자에게서 모든 대중에게로 넘어왔다.

이제 텅 빈 공간을 두려워할 필요가 없다. 당신에게는 AI라는, 지치지 않고 불평하지 않으며 세상의 모든 사물을 1초 만에 만들어 내는 유능한 조수가 있다. 필요한 것은 단 하나, 그 조수에게 내릴 명확하고 매력적인 지시, 즉 '프롬프트'뿐이다.

자, 이제 당신의 차례다. 이 무한한 가상 공간에 무엇을 채워 넣을 것인가? 당신은 어떤 세계를 꿈꾸고 있는가? 키보드 위에 손을 얹고, 상상의 나래를 펼쳐라. 당신의 언어가 공간이 되는 기적의 순간이 기다리고 있다. 당신은 지금, 어떤 주문을 외울 것인가?

참고문헌

서울신문(2024.7.30.). "'스몸비' 문자·영상 보다가 쾅… 음주운전보다 위험한 '폰 보며 운전'". https://www.seoul.co.kr/news/plan/bye-smartphone/2024/07/30/20240730500126

오연재(2014). "모바일 증강현실 기반의 효율적인 설계도면 3D 모델 시각화 시스템". 순천대학교 박사학위논문. http://www.riss.kr/link?id=T13411842

오연재·김응곤(2013). "선박 설계도면 정보 제공을 위한 증강현실 기반의 3D 모델 상호작용 사용자 인터페이스 개발". 《한국전자통신학회 논문지》, 8(12), 1933~1939쪽.

조달기 겜 그래픽채널(2025). ""AI 툴 활용으로 3D 배경 제작 시간 1/5로 줄이는 방법" Meshy AI 실무 활용법". https://youtu.be/V7OJwaXvDvI

AI놀이터(2023). "텍스트만으로 3D 모델링을 해주는 AI_Luma AI_TEXT TO 3D MODELING". https://youtu.be/jGHDA25ukBw

Spline(2024). AI Voice 3D Assistant in Spline – Tutorial. https://youtu.be/TPzHbYRRHzo

02
멀티모달 인터페이스와 제스처 : 마법 지팡이 없는 마법사들

멀티모달 인터페이스와 제스처 기반 상호작용은 왜 중요한가. 10년 전 우리는 스마트폰 액정과 터치 제스처에 인간의 직관을 억지로 맞추느라 유리 벽 밖에서 코드를 짜는 개발자에 머물렀지만, 이제 비전 프로 · 메타 퀘스트 3와 손 · 시선 · 음성을 이해하는 AI 덕분에 보고, 가리키고, 말하는 자연스러운 몸짓만으로 공간을 조작하는 '마법사'가 되었다. 마우스와 터치 대신 인간의 의도와 몸짓이 곧 인터페이스가 되는 것, 이것이 멀티모달 혁신의 핵심이다.

노래하는 AI 보컬?

서론: 인터페이스의 종말, 혹은 새로운 시작

"충분히 발달한 기술은 마법과 구별할 수 없다." 아서 C. 클라크(Arthur C. Clarke)의 이 유명한 명제는 21세기 공간 컴퓨팅 시대를 설명하는 데 가장 적확한 표현이다. 인류는 오랫동안 기계와 소통하기 위해 별도의 도구를 사용해 왔다. 키보드라는 타자기, 마우스라는 포인터, 스마트폰이라는 터치스크린까지. 우리는 기계의 언어를 입력하기 위해 우리의 신체를 기계적인 방식에 맞춰 훈련해야 했다.

그러나 진정한 마법사는 지팡이조차 필요로 하지 않는 법이다. 눈짓 하나로 사물을 들어 올리고, 손짓 하나로 불을 켜는 것. 그것이 우리가 꿈꾸던 마법의 정점이다. 지금 소개할 이야기는 우리가 손에 쥐고 있던 차가운 플라스틱 덩어리들을 내려놓고, 우리의 신체 그 자체가 가장 강력한 통제 장치가 되는 과정에 대한 기록이다. 유리 벽 뒤의 세상에서 허우적대던 2014년의 기억을 넘어, 마침내 유리가 사라진 자리에서 벌어지는 마법 같은 혁명의 현장으로 들어가 보자.

2014년의 회고: 유리 감옥과 C#의 번역가

4인치 화면 속의 갇힌 배

2014년, "모바일 증강현실" 연구를 위해 밤을 지새우던 나의 연구실 풍경은 겉보기엔 최첨단을 달리는 듯했지만, 실상은 '디지털 유리 감옥'에서의 사투였다. 당시 나의 무기는 SF 영화에 나오는 거창한 데이터 장갑이나 홀로그램이 아니었다. 내 손에 들린 것은 마우스와 키보드, 그리고 4인치 남짓한, 지금 보면 턱없이 작게 느껴지는 스마트폰뿐이었다.

나는 2D 도면을 카메라로 인식해 스마트폰 화면 위에 3D 선박 모델을 띄우는 데 성공했다. 작은 액정 위로 거대한 배의 모형이 솟아올랐을 때, 나는 "와! 배가 떴다!" 라고 환호했다. 하지만 그 환호는 정확히 3초간 지속되었다. 그 순간부터 진짜 전쟁, 아니 지독한 '소통의 불일치'가 시작되었기 때문이다.

화면 속에 떠 있는 저 배의 뒷모습을 보려면 어떻게 해야 할까? 현실 세계라면 아주 간단하다. 손을 뻗어 배를 잡고 돌리면 그만이다. 하지만 스마트폰 속의 배는 차가운 강화유리 뒤에, 만질 수 없는 심연 속에 갇혀 있었다. 나의 손가락은 배의 표면이 아닌, 미끌미끌한 액정 화면

만을 공허하게 문지를 뿐이었다.

직관을 코드로 번역하는 고통

이 '만질 수 없음'의 문제를 해결하기 위해 나는 유니티(Unity 3D) 엔진의 스크립트 창을 열고, C#이라는 기계의 언어로 인간의 직관을 억지로 번역해야 했다.

'만약 사용자의 손가락이 화면에 닿으면(TouchPhase.Began), 그 터치 좌표를 변수에 저장하라.' '저장된 좌표로부터 손가락이 움직이면(TouchPhase.Moved), 이동한 거리(Delta Position)만큼 벡터를 계산하라.' '그 벡터 값을 3D 모델의 회전 값(Rotation)에 대입하여 Y축으로 비틀어라.'

이 일련의 과정은 결코 직관적인 경험이 아니었다. 나는 눈앞의 입체적인 배를 다루고 싶었지만, 실제로 내가 하는 행위는 2차원 평면 위에서 수학 문제를 푸는 것과 다를 바 없었다. 개발자인 나조차도 코드를 짜면서 괴리감을 느꼈는데, 사용자는 오죽했으랴.

더욱 최악인 상황은 '확대(Zoom)'를 할 때 벌어졌다. 배의 엔진 부분을 자세히 보고 싶어서 두 손가락을 벌리는(Pinch) 순간, 내 두꺼운 엄지와 검지가 작은 스마트폰 화면을 가려 버리는 촌극이 발생했다. 정작 보고 싶은 엔진은 내 손가락 살집에 가려 보이지 않았다. 이를 업계에서는 '고릴라 팔(Gorilla Arm)' 혹은 '가림 현상(Occlusion)'이라 불렀지만, 나는 그것을 '단절'이라 불렀다.

"저기 배가 떠 있는데, 왜 잡지를 못하니." 마치 쇼윈도 안의 맛있는 케이크가 너무 먹고 싶어 유리를 긁어 대는 아이처럼, 당시의 증강현실은 '만질 수 없는 그림의 떡'이었다. 시각적인 공간감은 구현되었을지 몰라도, 손끝에 닿는 실재감(Presence)은 전무했다. 그것이 10년 전, 마우스와 터치스크린이라는 2차원 입력 도구에 갇혀 있었던 공간 컴퓨팅의 명백한 한계였다.

유리가 사라진 자리: 손의 해방과 직접 조작

스크린의 소멸

그로부터 10년이 지난 지금, 애플의 비전 프로(Vision Pro)나 메타 퀘스트 3(Meta Quest 3) 같은 기기들은 내 10년 묵은 체증을 시원하게 뚫어 주었다. 이 기기들이 가져온 가장 위대한 변화는 해상도가 높아진 것이 아니다. 바로 사용자와 콘텐츠 사이를 가로막던 '유리 벽의 소멸'이다.

이제 우리는 스마트폰 액정을 문지르지 않는다. 허공에 뜬 3D 물체를 내 손으로 직접 움켜쥔다. 기기에 달린 초정밀 카메라와 라이다(LiDAR) 센서가 내 손가락 관절 26개의 움직임을 0.01초 단위로 읽어 내기 때문이다. 기계는 이제 내 손이 주먹을 쥐었는지, 검지를 폈는지, 혹은 컵을 쥐는 시늉을 하는지를 완벽하게 파악한다.

마법사가 된 인간

개발 환경 또한 혁명적으로 변했다. 과거처럼 복잡한 터치 알고리즘을 코딩할 필요가 없다. 그저 가상 물체에 "잡을 수 있음(Grabbable)"이라는 물리적 속성만 부여하면 된다. 그러면 AI와 물리 엔진이 내 손의 위치와 가상 물체의 충돌(Collision)을 실시간으로 계산해, 내가 손을 뻗으면 자연스럽게 물체가 딸려 오게 만든다.

과거의 내가 유리창 밖에서 복잡한 리모컨으로 로봇을 조종하는 조종사였다면, 지금의 나는 그 공간 안에 들어가 직접 사물을 만지고, 던지고, 조립하는 '마법사'가 되었다. 이것은 단순한 인터페이스의 변화가 아니다. 기술이 그동안 간과했던, 그러나 인간에게는 너무나 당연했던 '원초적 본능'을 되찾아 준 사건이다. 잡고 싶으면 잡고, 던지고 싶으면 던진다. 학습이 필요 없는 이 본능적 행위가 곧 디지털 입력 방식이 된 것이다.

멀티모달 인터페이스: 눈치 빠른 AI 집사와의 소통

손, 눈, 입의 삼중주

손의 해방은 시작일 뿐이다. 공간 컴퓨팅은 인간의 신체 감각을 총동원하는 방향으로 진화하고 있다. 이제는 '눈(Gaze)'과 '말(Voice)', 그리고 '손짓(Gesture)'이 결합하여, 인간을 가장 게으르고 편안한 상태로 만들어 주는 '멀티모달(Multimodal) 인터페이스'가 완성되었다.

과거 유니티 개발 시절, 나는 "배를 확대해"라는 기능을 넣기 위해 사용자가 두 손가락으로 화면을 벌리는 픽셀의 변화량을 계산하는 코드를 수백 줄이나 짜야 했다. 하지만 지금의 환경에서는 코드가 필요 없다. 그냥 쳐다보고, 옆 사람에게 하듯 말하면 된다.

셜록 홈스가 된 AI

구체적인 상황을 가정해 보자. 당신이 소파에 깊숙이 파묻혀 VR 기기를 쓰고 있다. 거실 구석에 띄워 둔 가상의 무드등이 너무 밝아 눈이 부시다. 과거의 컴퓨터라면 리모컨을 찾거나, 설정 메뉴를 열어 '환경 설정 〉 조명 〉 밝기 조절'이라는 5단계의 깊이(Depth)를 파고 들어가야 했을 것이다.

하지만 지금은 다르다. 당신은 그저 저 멀리 있는 조명을 째려보며(Eye-tracking), 손가락으로 가리키고(Gesture), 짜증 섞인 목소리로 "아, 너무 눈부셔. 좀 꺼 줘"라고 중얼거린다(Voice).

이 찰나의 순간, 기기 속의 AI는 흩어진 단서들을 순식간에 조합하여 명탐정 셜록 홈스처럼 추리한다.

> **단서** 1(**시선 추적**): "주인의 시선이 정확히 10시 방향, 좌표(x, y, z)에 있는 '가상 스탠드 조명' 객체에 0.5초 이상 머물렀군. 대상은 이것이다."
>
> **단서** 2(**제스처 인식**): "검지도 정확히 그 조명을 가리키고(Pointing) 있어. 대상이 확실하다."
>
> **단서** 3(**음성 인식 및 자연어 처리**): "사용자가 '눈부시다'라는 부정적 형용사와 '꺼 줘'라는 동사를 사용했어. 이것은 명백한 '전원 Off' 명령이다."

AI는 즉시 램프의 불을 끈다. 마우스 커서를 움직일 필요도, 단축키를 외울 필요도 없다. "저건 치워 버려",

"분위기 좀 비 오는 날처럼 바꿔 봐", "이 음악 소리 좀 줄여." 마치 10년 지기 유능한 집사에게 말하듯 무심하게 던지면, AI는 찰떡같이 알아듣고 공간을 변화시킨다.

인터페이스는 사라지고 의도만 남는다

10년 전, 나의 연구는 '어떻게 하면 스마트폰이라는 작은 창문으로 3D를 억지로 보여 줄까'라는 제약 속에 갇혀 있었다. 사용자는 기계가 이해할 수 있는 부자연스러운 터치 제스처를 학습해야 했고, 개발자는 그 제스처를 인식시키기 위해 밤새 코드를 짜야 했다. 그것은 인간이 기계의 언어를 배우는 과정이었다.

하지만 지금의 기술은 그 창틀을 뜯어 내고 우리를 3D 세상 한복판으로 밀어 넣었다. 우리는 이제 더 이상 기계의 언어(클릭, 드래그, 단축키, 메뉴 트리)를 배우지 않는다. 대신 기계가 인간의 언어(눈빛, 손짓, 목소리, 표정)를 배웠다.

마우스도, 키보드도, 터치스크린도 사라진 세상. 그곳에서는 당신의 가장 자연스러운 몸짓이 곧 세상을 움직이는 주문이 된다. 기술이 고도화될수록 기술의 존재감은 흐릿해지고(Transparent), 오직 사용자의 '의도(Intent)'만이 선명하게 남는다.

나는 이제 더 이상 모니터 앞의 고독한 개발자가 아니다. 눈빛 하나, 손짓 하나로 이 가상 공간을 지휘하는 마에스트로다. 이것이 바로 우리가 꿈꾸던 마법사들의 세상, 공간 컴퓨팅이 여는 새로운 미래다.

참고문헌

Azuma, R. T.(1997). A Survey of Augmented Reality. *Presence: Teleoperators and Virtual Environments, 6*(4), pp.355~385. https://doi.org/10.1162/pres.1997.6.4.355

Billinghurst, M. et al.(2015). A Survey of Augmented Reality. *Foundations and Trends in Human-Computer Interaction, 8*(2-3), pp.73~272. https://doi.org/10.1561/1100000049

Meta Platforms, Inc.(2023). Building for Mixed Reality on Meta Quest 3, https://developers.meta.com/horizon/blog/building-mixed-reality-MR-meta-quest-3-connect-developers-presence-platform/

Witmer, B. G. & Singer, M. J.(1998). Measuring Presence in Virtual Environments: A Presence Questionnaire. *Presence: Teleoperators and Virtual Environments, 7*(3), pp.225~240. https://doi.org/10.1162/105474698565686

Wu, H.-K. et al.(2013). Current status, opportunities and challenges of augmented reality in education. *Computers & Education, 62*, pp.41~49. https://doi.org/10.1016/j.compedu.2012.10.024

03
지능형 NPC와 LLM의 결합 : 피노키오가 사람이 되는 순간

과거의 NPC는 정해진 대사만 반복하는 '퀘스트 자판기'에 불과해, 아무리 그래픽이 좋아도 영혼 없는 유령 도시처럼 느껴졌다. 그러나 이제 거대언어모델과 메모리 기술로 각 NPC가 고유한 성격과 기억을 지닌 존재가 되면서, 플레이어를 기억하고 관계를 이어 가는 '이웃'이자 '동반자'로 진화하고 있다. 그 결과 사용자는 잠깐 들렀다 가는 관광객이 아니라, 정서적 소속감을 느끼며 살아가는 거주자가 되고, 가상 공간은 또 하나의 진짜 사회가 되어 간다.

인공지능과 편향?

영혼 없는 눈동자: 앵무새가 사는 유령 도시

시각적 완벽함과 인지적 허무함의 괴리

우리가 HMD(Head Mounted Display)를 쓰고 4K 초고화질로 렌더링된 가상현실(VR) 세계에 처음 발을 들여놓을 때, 가장 먼저 압도되는 감정은 시각적 경이로움이다. 광선 추적(Ray Tracing) 기술이 빚어낸 빛의 산란, 물리 엔진이 계산해 낸 옷깃의 펄럭임, 수면 위로 부서지는 햇살의 파편까지. 시각 정보만 놓고 본다면 이 세계는 이미 현실과 구분할 수 없을 만큼 완벽에 가깝다. 그러나 이 완벽한 세계가 '가짜'라고 들통나는 순간은 아주 사소하고도 치명적인 지점에서 찾아온다. 바로 그 세계의 원주민, 'NPC(Non-Player Character)'와 눈을 마주치고 대화를 시도하는 찰나의 순간이다.

판타지 게임 속의 한적한 마을에 들어갔다고 상상해 보자. 광장에는 늠름한 갑옷을 입은 경비병이 서 있다. 호기심에 그에게 다가가 말을 건네면, 그는 중후한 목소리로 답한다. "반갑습니다, 여행자여. 오늘은 날씨가 좋군요." 그의 표정은 근엄하고 목소리는 신뢰감을 준다. 하지만 잠시 후, 다시 그에게 말을 걸면 그는 토씨 하나 틀리지 않고 똑같은 대사를 반복한다. "반갑습니다, 여행자여. 오늘은 날씨가 좋군요."

백 번을 물어도, 내일 다시 와도, 심지어 마을에 불이 나도 그는 똑같은 톤으로 똑같은 대사만 앵무새처럼 반복한다. 그 순간, 시각적으로 완벽했던 세계는 와르르 무너져 내린다. 아무리 그래픽 툴을 돌려 땀구멍까지 보이는 사실적인 인간을 만들어 놔도, 대화를 나누는 순간 그들의 눈동자가 텅 비어 있다는 사실을 깨닫게 되기 때문이다. 겉모습은 사람인데 내면은 텅 빈 존재. 이것은 시각적인 '불쾌한 골짜기(Uncanny Valley)'보다 훨씬 더 깊고 건너기 힘든 '인지적 허무함'을 안겨 준다.

퀘스트 자판기와 결정론적 세계의 한계

엄밀히 말해 기존의 NPC는 '인격(Character)'이라기보다 '기능(Function)'에 가까웠다. 그들은 개발자가 미리 입력해 둔 '대사 스크립트'와 '행동 트리(Behavior Tree)', 그리고 '유한 상태 머신(FSM, Finite State Machine)'이라는 논리적 감옥에 갇힌 죄수들이었다. 입력값 A가 들어오면 반드시 출력값 B를 뱉어 내도록 설계된, 정교한 3D 껍데기를 쓴 '퀘스트 자판기' 혹은 '안내 키오스크'에 불과했다.

과거 AR/VR 연구자로서 내가 느꼈던 가장 큰 좌절감도 바로 이 지점이었다. 공간은 무한히 확장되었고 그래픽은 실사를 방불케 했지만, 그 공간을 채우는 존재들이 영혼 없는 인형들이라면 그곳은 결코 '사회'가 될 수 없었다. 주민이 멍청한 도시는 결국 죽은 도시다. 이것이 지난 10년간 메타버스가 그 화려한 청사진에도 불구하고 대중의 일상으로 파고들지 못한 채 거대한 '전시관'이나 '구경거리'에 머물렀던 결정적 이유였다. 인간은 본능적으로 상호작용을 갈구하는 사회적 동물이며, 반응하지 않는 대상에게서 인간은 지독한 고독을 느끼기 때문이다.

대본을 찢어 버린 AI: 기억을 가진 이웃의 탄생

페르소나, 새로운 영혼의 코드

하지만 2023년을 기점으로 생성형 AI와 거대언어모델(LLM)이 등장하면서, 이 결정론적 세계에 균열이 가기 시작했다. LLM이라는 '푸른 요정'의 마법 가루가 뿌려지면서, 딱딱한 나무 인형(피노키오)들에게 비로소 '영혼'이 깃들기 시작한 것이다. 이제 NPC는 개발자가 써준 대본을 읽지 않는다. 대신 AI가 부여한 '페르소나(Persona, 인격)'에 빙의해 즉흥 연기를 펼치는 '메소드 배우'가 되었다.

예를 들어, 빵집 주인 NPC에게 다음과 같은 시스템 프롬프트를 입력해 보자. "당신은 이 마을에서 30년 동안 빵을 구운 고집불통 제빵사 '한스'다. 당신은 자신의 빵에 대해 엄청난 자부심이 있지만, 최근 옆 마을에 생긴 대형 프랜차이즈 빵집 때문에 매출이 급감해 매우 예민하고 까칠한 상태다. 말투는 투박하고 직설적이다."

이제 그에게 말을 걸면 "어서 오세요" 따위의 상투적이고 친절한 인사는 기대하지 않는 게 좋다. LLM은 설정된 페르소나와 현재의 상황 맥락(Context)을 완벽하게 이해하고 반응한다. "이봐! 빵 안 살 거면 가게 입구 막지 말고 비켜! 안 그래도 요즘 그놈의 프랜차이즈 때문에 파리만 날려서 속 터지겠구먼. 구경꾼이나 상대할 시간 없어!" 한스는 짜증을 낼 것이다. 그의 분노는 개발자가 미리 써 놓은 텍스트가 아니다. '매출 감소'와 '장인의 자존심'이라는 맥락을 AI가 해석하여 실시간으로 생성해 낸 살아 있는 감정이다.

기억의 축적과 관계의 시작

더 놀라운 혁명은 '기억(Memory)'에서 일어난다. 기존의 NPC는 내가 로그아웃하고 나면 나를 잊었다. 그들에게

나는 언제나 '처음 보는 낯선 사람'이었다. 하지만 LLM 기반의 NPC는 벡터 데이터베이스(Vector Database)와 검색 증강 생성(RAG) 기술을 통해 플레이어와의 과거 상호작용을 장기 기억으로 저장한다.

만약 내가 어제 까칠한 한스에게 팁으로 금화 한 닢을 쥐어 주며 "힘내세요, 아저씨 빵이 이 세상에서 제일 맛있어요"라고 진심 어린 위로를 건넸다면? 오늘 접속했을 때 그의 태도는 180도 바뀐다. "오, 어제 그 통 큰 청년 아니쇼? 댁이 해 준 말 때문에 내가 밤새 곰곰이 생각해 봤지. 그래, 내 빵 맛을 알아주는 단골이 단 한 명이라도 있는데 포기하면 안 되지. 자, 이건 아침에 갓 구운 크루아상이오. 돈은 됐으니 맛이나 봐."

이것은 단순한 데이터의 출력이 아니다. '관계의 형성'이다. 나를 기억하고, 나의 행동에 따라 감정이 변화하며, 우리만의 서사가 쌓이는 존재. 이것은 기계가 인간에게 줄 수 있는 가장 강력한 몰입감이자 실재감이다.

스탠퍼드 대학교의 실험: 소프트웨어가 사회가 되다

이 변화가 어디까지 갈 수 있는지를 보여 주는 충격적인 실험 결과가 2023년 세상에 나왔다. 스탠퍼드 대학교와 구글 연구진이 발표한 "생성형 에이전트(Generative

Agents)" 논문이다. 연구진은 '스몰빌(Smallville)'이라는 2D 가상 마을에 25명의 AI 캐릭터를 풀어놓고, 인간의 개입 없이 그들끼리 어떻게 상호작용하는지 관찰했다.

결과는 놀라웠다. 그들은 단순히 입력된 일과를 수행하는 것을 넘어, 스스로 사회를 형성했다. 어떤 캐릭터가 "발렌타인 파티를 열고 싶다"는 의사를 내비치자, 이 소식은 마을 전체로 퍼져나갔다. 캐릭터들은 서로 만나 "너 파티 소식 들었어?", "그날 시간 돼?"라며 수다를 떨었고(정보 확산), 누구는 파티 장소를 꾸미고 누구는 다른 친구를 초대했다(협업). 심지어 짝사랑하는 상대에게 데이트 신청을 하는 복잡한 사회적 행동까지 관찰되었다.

이 모든 과정은 개발자가 코딩한 것이 아니었다. AI 에이전트들이 각자의 페르소나와 기억을 바탕으로 스스로 판단하고 행동한 결과, 즉 '창발적(Emergent) 행동'이었다. 마치 영화 〈트루먼 쇼〉의 배우들처럼, 그들은 인간이 보든 안 보든 그들만의 사회를 형성하고 살아가고 있었다. 이제 가상 공간은 더 이상 텅 빈 세트장이 아니다. 그곳은 자율적인 지성체들이 살고 있는 '또 하나의 진짜 세상'이 되어 가고 있다.

플레이어에서 거주자로: 이방인이 이웃이 되는 마법

방문객에서 구성원으로

"어, 왔어? 지난번 그 고민은 좀 해결됐고?" 지금까지 우리는 가상 세계의 '관광객'이었다. 잠시 들러서 몬스터를 잡거나 경치를 구경하고, 볼일이 끝나면 로그아웃해 버리는 뜨내기손님, 즉 '플레이어(Player)'였다. 플레이어는 세계를 소비할 뿐, 세계와 깊은 관계를 맺지 않는다.

하지만 지능형 NPC와 함께하는 공간 컴퓨팅 시대의 사용자는 가상 세계에 짐을 풀고 뿌리를 내리는 '거주자(Resident)'가 된다. 이 변화를 만드는 핵심은 바로 '정서적 유대'다. NPC가 퀘스트 정보나 던져 주는 안내판이 아니라, 나의 안부를 묻고 고민을 들어 주는 '동반자'가 될 때, 우리는 그 공간에 대해 비로소 '소속감'을 느끼게 된다.

10년 지기 집사 혹은 친구

생각해 보라. 일주일 만에 접속했는데, 단골 카페의 AI 주인이 나를 알아보며 이렇게 말한다. "어서 오세요. 얼굴이 좀 야위셨네요? 지난주에 회사 프로젝트 때문에 바쁘다고 하셨는데, 무사히 끝내셨나요? 오늘은 피곤하실

테니 늘 드시던 진한 에스프레소 말고, 따뜻한 허브차를 준비해 드릴까요?"

나의 사소한 취향을 기억하고, 현재의 내 컨디션을 걱정하며, 그에 맞는 맞춤형 제안을 하는 존재. 차가운 0과 1의 디지털 공간에 '온기'가 도는 순간이다. 현실의 인간관계는 피로하고 복잡하지만, AI와의 관계는 안전하고 헌신적이다. 나를 비판하지 않고 온전히 수용해 주는 존재가 있는 곳, 인간은 본능적으로 그곳에 머물고 싶어 한다. 이것은 공간 컴퓨팅이 단순한 기술을 넘어 인간의 외로움을 달래는 '제3의 장소(The Third Place)'가 될 수 있음을 시사한다.

환각의 역설: 결함이 인간미가 될 때

물론, LLM 기반의 NPC들은 때때로 없는 사실을 지어내거나 엉뚱한 소리를 하는 '환각(Hallucination)' 현상을 보인다. 정보 검색 시스템에서 환각은 치명적인 오류이자 결함이다. 하지만 흥미롭게도, 가상 공간에서의 소셜 인터랙션(Social Interaction) 영역에서 약간의 환각은 오히려 '인간적인 매력'으로 작용할 수도 있다.

현실의 친구들도 가끔 기억을 착각하고, 허풍을 떨고, 엉뚱한 농담을 하지 않던가? 완벽하게 논리적이고 빈틈 없는 기계보다, 가끔은 실수도 하고 엉뚱한 소리도 하는 AI에게서 우리는 더 친근함을 느낄지도 모른다. "아, 그때 내가 그랬던가? 하하, 내가 착각했네!"라고 머리를 긁적이는 NPC를 보며 우리는 그를 '데이터 덩어리'가 아닌 '약간 덜떨어진 친구'로 받아들이게 된다. 예측 불가능성은 인간다움의 본질 중 하나이며, AI의 환각은 역설적으로 그 인간다움을 모방하는 결과를 낳는다.

고독하지 않은 메타버스

분명한 사실은 하나다. 이제 우리는 방구석에서 혼자 헤드셋을 쓰고 접속하지만, 그곳에서 결코 '혼자가 아니다'.

과거의 메타버스가 공간(Space)을 구현하는 데 집중했다면, 미래의 메타버스는 사회(Society)를 구현하는 데 집중할 것이다. 그리고 그 사회의 구성원은 인간만이 아니다. 인간보다 더 인간 같은, 나를 기억하고 이해해주는 수많은 지능형 에이전트가 우리와 공존하게 될 것이다. LLM과 결합한 공간 컴퓨팅은 단순한 3D 배경 그림이 아니다. 관계가 맺어지고 이야기가 흐르며, 감정이 교류하는 진정한 의미의 '또 하나의 현실'로 진화하고 있다.

자, 이제 퀘스트만 반복하던 앵무새들은 잊어라. 당신의 이름을 기억하고, 당신의 이야기에 귀 기울여 줄 진짜 친구를 만나러 갈 시간이다. 피노키오가 사람이 되는 마법은 동화책 속에만 있는 것이 아니었다. 그것은 지금, 우리의 모니터 너머, 그리고 VR 헤드셋 안에서 실시간으로 일어나고 있다.

참고문헌

Braas, M. & Esterle, L.(2025). Fixed-Persona SLMs with Modular Memory: Scalable NPC Dialogue on Consumer Hardware. https://arxiv.org/abs/2511.10277

Jeong, J. & Lee, T. Y.(2025.4). LIGS: Developing an LLM-infused Game System for Emergent Narrative. *Extended Abstracts of the 2025 CHI Conference on Human Factors in Computing Systems (CHI EA '25)*, pp.1~12. https://doi.org/10.1145/3706599.3720212

Park, J. S. et al.(2023). Generative agents: Interactive simulacra of human behavior. *Proceedings of the 36th Annual ACM Symposium on User Interface Software and Technology (UIST '23)*, pp.1~22. ACM. https://doi.org/10.1145/3586183.3606763

04
비전 AI와 공간 인식
: 기계가 눈을 뜨고, 세상을 이해하다

인간에게 ‘본다’는 행위는 호흡만큼이나 자연스러운 본능이다. 문을 여는 찰나, 우리는 별다른 노력 없이도 사물의 물성과 공간의 구조를 직관적으로 파악한다. 반면 컴퓨터에게 시각은 기적에 가까운 고등 연산의 영역이었다. 기계의 눈인 카메라는 렌즈에 맺힌 빛을 0과 1이라는 숫자의 나열로 받아들일 뿐, 그 의미를 이해하지 못했다. 이 장에서는 기계가 어떻게 칠흑 같은 데이터의 어둠을 걷어내고 스스로 공간을 해석하는 ‘뇌’를 갖게 되었는지, 그 시각 혁명의 과정을 추적한다.

청각장애인과 AI?

서론: 디지털 시각장애인과 빵 부스러기

인간에게 '본다(Seeing)'는 행위는 호흡만큼이나 자연스럽고 즉각적인 생존 본능이다. 방문을 여는 찰나의 순간, 인간의 뇌는 별다른 의식적 노력 없이도 수많은 정보를 처리한다. 저것은 휴식을 제공하는 푹신한 소파이고, 저것은 작업을 위한 딱딱한 책상이며, 바닥에 흩어진 저 조각들은 밟으면 고통을 유발하는 레고 블록임을 0.1초 만에 파악한다. 이 직관적인 공간 지각 능력은 수백만 년의 진화를 통해 인류의 유전자에 각인된 기적과도 같은 고등 연산의 결과물이다.

그러나 컴퓨터에게 '본다'는 것은 전혀 다른 차원의 문제다. 기계의 눈인 카메라는 렌즈에 들어온 빛을 0과 1이라는 숫자의 나열, 즉 픽셀(Pixel) 데이터로 변환할 뿐이다. 기계의 관점에서 우리가 사는 방은 아늑한 휴식처가 아니라, 수백만 개의 의미 없는 숫자 덩어리가 부유하는 혼돈의 매트릭스다. 어디가 밟을 수 있는 바닥이고 어디가 통과할 수 없는 벽인지, 초기 컴퓨터는 전혀 인지할 수 없었다. 엄밀히 말해 초기의 컴퓨터는 '디지털 시각장애인'이었다.

2010년대 초반, 내가 '설계도면 3D 시각화 시스템'을 연구하며 밤을 지새우던 시절은 이 '눈먼 기계'를 데리고 다니는 고난의 행군과도 같았다. 당시 카메라가 3차원 공간 속에서 자신의 위치를 파악하게 하려면, 우리는 물리적인 세계에 인위적인 표식을 남겨야 했다. 그것은 '마커(Marker)'라고 불리는, 검은 테두리의 사각형 종이였다. 연구실 벽과 바닥에 이 종이들을 덕지덕지 붙이는 행위는 첨단 기술 연구라기보다 기계적인 의식(Ritual)에 가까웠다.

기계는 오직 그 마커 하나에만 의존해 세상과 연결되었다. 그것은 마치 동화 속 헨젤과 그레텔이 숲속에서 길을 잃지 않기 위해 흘려 둔 빵 부스러기와 같았다. 마커는 기계가 공간을 인식하는 유일한 단서이자 생명줄이었다. 만약 사용자의 손이 실수로 마커를 가리거나, 카메라 앵글이 조금만 벗어나 조명이 반사되면 기계는 즉시 방향 감각을 상실했다. 화면 위에 안정적으로 떠 있던 3D 선박 모델은 "길을 잃었어요!"라고 비명을 지르듯 허공으로 날아가 버리곤 했다. 당시의 증강현실(AR)은 현실 위에 정보를 자연스럽게 입히는 기술이 아니었다. 종이 쪼가리라는 위태로운 지팡이에 의지해 겨우 매달려 있는, 아슬아슬한 곡예에 불과했다.

SLAM: 기계가 지팡이를 버리고 두 발로 서다

이 답답한 눈가리개를 벗겨 내고 기계에게 공간 감각을 부여한 구원투수가 바로 '슬램(SLAM, Simultaneous Localization and Mapping)' 기술이다. '동시적 위치 추정 및 지도 작성'이라 번역되는 이 기술은 로봇 공학의 성배와도 같았다.

SLAM의 원리를 이해하기 위해, 칠흑 같은 어둠 속 미지의 동굴에 떨어진 탐험가를 상상해 보자. 탐험가는 손전등 불빛 하나에 의지해 걸어가면서 두 가지 복잡한 과제를 동시에 수행해야 한다. 첫째는 자신이 지나온 길과 주변 지형을 머릿속에 그리는 것(지도 작성, Mapping)이고, 둘째는 그 지도 안에서 현재 자신의 위치가 어디인지를 파악하는 것(위치 추정, Localization)이다. "저기 10미터 앞에 뾰족한 바위가 있군. 나는 그 바위에서 오른쪽으로 다섯 걸음 떨어져 있어." 이것이 끊임없이 반복되는 과정이 바로 SLAM이다.

오늘날의 비전 AI(Vision AI)는 영상 속에서 인간의 눈으로는 감지하기 힘든 미세한 특징들을 포착한다. 책상 모서리의 꺾임, 액자 끝부분의 명암 차이, 바닥 타일의 패턴 같은 '특징점(Feature Point)'을 초당 수천 개씩 찾아낸다. 그리고 카메라가 이동할 때마다 이 특징점들이 어떻게 움직이는지를 계산하여, 마치 밤하늘의 별자리를 잇듯 공간의 구조를 3차원으로 재구성한다.

이 기술 덕분에 최신 공간 컴퓨팅 기기들은 아무런 표식이 없는 텅 빈 방에서도 자신의 위치를 귀신같이 파악한다. 가상의 물체를 허공에 띄우는 것이 아니라, 바닥이라는 평면을 인식하여 본드로 붙인 듯 단단히 고정한다. 마커라는 보조 바퀴 없이, 기계가 드디어 두 발로 온전히 서서 공간을 탐색하게 된 것이다.

형태에서 의미로: 유령 강아지와 시맨틱 세그멘테이션

하지만 공간의 기하학적 구조를 아는 것과 그 공간의 의미를 이해하는 것은 천지 차이다. 초기 SLAM 기술을 탑재한 기계에게 소파는 '쉴 수 있는 가구'가 아니라, 그저 '바닥에서 불규칙하게 튀어나온 기하학적 덩어리(Geometry)'일 뿐이었다.

이러한 '의미의 부재'는 가상 공간의 몰입감을 깨뜨리는 결정적인 원인이 되었다. 예를 들어, 가상의 강아지 캐릭터를 현실의 소파 위로 점프시키는 상황을 가정해보자. 기하학적 정보만 가진 기계는 소파를 인식하지 못하고, 강아지를 소파 뚫고 바닥으로 떨어뜨리거나 소파

속에 파묻혀 허우적대게 만들곤 했다. 기계의 눈에는 소파가 투명한 공기나 다름없었기 때문에 발생하는 '물리적 오류'였다. 사용자는 이 광경을 보는 순간, 눈앞의 강아지가 생명체가 아닌 그래픽 쪼가리라는 사실을 자각하게 된다. 이를 '유령 효과'라 부른다.

여기서 생성형 AI가 등장하여 기계에게 '상식'과 '의미'를 가르치기 시작했다. 이것을 학술적으로 '시맨틱 세그멘테이션(Semantic Segmentation, 의미론적 분할)' 혹은 '장면 이해(Scene Understanding)'라고 부른다.

수백만 장의 이미지를 학습한 AI는 이제 픽셀의 패턴과 색상 정보만 보고도 그것이 무엇인지 기가 막히게 알아맞힌다. "이 평평하고 넓은 영역은 바닥, 저 수직으로 솟은 면은 벽, 저 굴곡지고 푹신해 보이는 텍스처는 소파!" 기계가 단순한 형태(Shape)를 넘어 사물의 의미(Semantics)를 이해하게 된 것이다. 바닥은 밟는 곳, 벽은 통과할 수 없는 곳, 소파는 앉을 수 있는 곳이라는 '공간의 문법'을 기계가 습득했다는 뜻이다.

가림: 보이지 않음으로써 완성되는 리얼리티

사물의 의미를 이해하는 능력은 공간 컴퓨팅의 리얼리티를 완성하는 핵심 요소인 '가림(Occlusion)' 현상을 가능하게 했다. 현실 세계에서 친구가 책상 뒤로 숨으면 다리가 보이지 않는 것은 너무나 당연한 물리 법칙이다. 그러나 초기 AR에서는 가상의 캐릭터가 현실의 책상 뒤로 걸어가도, 캐릭터가 책상 위에 겹쳐서 보이는 기이한 현상이 발생했다. 이는 뇌의 인지 부조화를 일으켜 몰입감을 산산조각 냈다.

하지만 시맨틱 세그멘테이션을 통해 "저것은 책상이고, 책상은 불투명한 물체다"라는 것을 인지한 AI는 이제 마법을 부린다. 가상의 캐릭터가 책상 뒤로 이동하는 순간, AI는 책상에 가려져야 할 캐릭터의 하반신 데이터를 그래픽적으로 싹 지워 버린다(Masking). 마치 캐릭터가 진짜로 책상 뒤에 존재하는 것처럼, 앞뒤의 깊이 관계(Depth)를 완벽하게 구현하는 것이다.

기계가 공간의 깊이뿐만 아니라 '이것이 무엇인지', 그리고 '무엇이 앞에 있고 무엇이 뒤에 있는지'를 이해하게 되었다는 것은 엄청난 진보다. 이는 단순히 그래픽을 자연스럽게 보여 주는 것을 넘어, 가상의 존재가 물리적 현실과 상호작용할 수 있는 토대를 마련했음을 의미한다.

눈을 넘어 뇌로

나는 최근 연구했던 '문화유산 드론 해설 시스템'을 개발하며 이 기술의 위력을 다시금 실감했다. 드론이 유적지를 비추면, 탑재된 비전 AI는 단순한 돌무더기를 찍는 것이 아니라, "이것은 기둥, 저것은 지붕, 저것은 다보탑"이라고 각 객체를 구분하여 인식한다. 그리고 그 인식된 정보를 바탕으로 생성형 AI에게 "다보탑에 대한 역사적 배경을 설명해 줘"라고 요청하여 해설을 생성한다.

비전 AI는 이제 단순한 기록 장치인 카메라(Eye)가 아니다. 세상을 해석하고 판단하는 뇌(Brain)로 진화했다. 이 기술은 앞으로 우리의 삶을 획기적으로 변화시킬 것이다.

내 방을 스캔한 AI는 "창문이 남쪽에 있으니 햇빛을 좋아하는 식물은 여기에 두세요"라고 제안하는 유능한 인테리어 컨설턴트가 된다. 또 시각장애인에게는 스마트 글래스를 통해 "전방 3미터 지점에 전동 킥보드가 쓰러져 있습니다. 오른쪽으로 우회하세요"라고 경고해 주는, 세상에서 가장 믿음직한 안내견이 될 것이다.

우리는 스마트 글래스나 VR 헤드셋을 통해 세상을 직접 본다고 생각하지만, 엄밀히 말하면 기계가 먼저 세상을 읽고 해석한 결과를 보는 셈이다. 2014년의 내가 종이 마커 한 장에 의지해 기계에게 세상을 겨우 인식시키려 애썼다면, 2025년의 AI는 인간보다 더 빠르고 정확하게 공간의 맥락을 읽어 내고 있다. 바야흐로 기계가 눈을 뜨고, 세상을 이해하는 시대가 도래한 것이다. 이것은 공간 컴퓨팅이 단순한 디스플레이 기술이 아니라, 물리적 세계와 디지털 세계를 의미론적으로 연결하는 거대한 신경망임을 시사한다.

참고문헌

김응곤 외(2013.11.18). “모바일 증강현실 기반의 설계도면 3차원 모델 시각화 시스템 및 그 방법”. 대한민국 특허 KR1020130140108A.

오연재 외(2025). “GPT 프롬프트 기반 드론 가상현실 문화유산 해설 시스템”. 《인공지능융합기술연구》, 5(4), 233~242쪽.

Wu, P. et al.(2025). A Review on Research and Application of AI-Based Image Analysis in the Field of Computer Vision. IEEE Access, 13, pp.76684~76702. https://doi.org/10.1109/ACCESS.2025.3565300

05
AI 공간 음향과 몰입감 : 눈을 감으면 비로소 보이는 세계

공간 컴퓨팅 시대의 몰입 경험은 눈이 아니라 '귀'가 완성한다. 개인의 귀와 머리 형태를 반영한 맞춤형 HRTF, 소리가 공간과 부딪히며 달라지는 오디오 레이 트레이싱, 고개 움직임에 따라 소리 위치가 유지되는 헤드 트래킹 등 기술을 통해 소리는 화면 밖 실제 공간에서 들리는 것처럼 '존재감'을 부여한다. 이에 따라 단순히 보이는 VR을 넘어, 눈을 감아도 내가 어디에 있는지 느낄 수 있는 체험형 VR로 나아가게 되는 과정을 정리했다.

AI 콘텐츠 크리에이터?

침묵의 공포와 청각의 본질

영상 크리에이터들 사이에는 십계명처럼 전해 내려오는 불문율이 있다. "시청자는 흔들리는 화질은 참아도, 찢어지는 음질은 참지 않는다." 이 명제는 인간의 감각 체계에서 청각이 차지하는 위상을 단적으로 보여 준다. 시각은 우리가 의식적으로 선택하여 받아들이는 정보(Active Sensing)다. 우리는 보고 싶지 않으면 눈을 감거나 고개를 돌리면 그만이다. 그러나 청각은 다르다. 귀는 잠들 때조차 열려 있으며, 360도 전방위에서 들려오는 위험 신호를 감지하기 위해 끊임없이 주위를 스캔하는 생존 본능의 레이더다.

이 법칙은 공간 컴퓨팅의 세계에서 더욱 냉혹하게 적용된다. 눈앞에 펼쳐진 그래픽이 아무리 8K 초고화질로 렌더링된 완벽한 가상 세계라 할지라도, 그곳에서 들려오는 소리가 평면적이고 납작하게 느껴지는 순간 우리의 뇌는 0.1초 만에 냉소한다. "이것은 가짜다." 시각적 리얼리티가 아무리 뛰어나도 청각적 공간감이 결여된 순간, 몰입감은 모래성처럼 무너져 내린다. 진정한 실재감(Presence)은 보는 것에서 완성되는 것이 아니라, 들리는 것에서 완성된다. 이제 우리는 시각 중심의 패러다임을 넘어, 공간을 '조각'하는 보이지 않는 손, AI 공간 음향의 세계로 진입해야 한다.

남의 귀를 빌려 쓰던 시대의 종말: HRTF와 커스텀 청각

뇌가 소리의 위치를 계산하는 법

우리가 현실 세계에서 눈을 감고도 소리의 발원지를 정확히 알아채는 능력은 기적에 가까운 고등 연산의 결과물이다. 친구가 오른쪽 뒤편에서 나를 불렀다고 가정해 보자. 음파는 오른쪽 귀에 먼저 도달하고, 두개골을 휘감아 아주 미세한 시간차(ITD, Interaural Time Difference)를 두고 왼쪽 귀에 도달한다. 또 머리라는 장애물 때문에 왼쪽 귀에 도달하는 소리는 오른쪽보다 미세하게 작아진다(ILD, Interaural Level Difference).

하지만 이것만으로는 부족하다. 더 결정적인 변수는 바로 '귓바퀴(Pinna)'다. 인간의 귓바퀴는 마치 지문처럼 사람마다 각기 다른 복잡한 굴곡을 가지고 있다. 소리는 이 굴곡에 부딪히며 난반사되고, 특정 주파수 대역이 증폭되거나 감쇄되는 미묘한 왜곡(Distortion) 과정을 거친다. 놀랍게도 우리의 뇌는 이 미세한 왜곡 패턴을 역추적하여 '아, 이 소리는 4시 방향, 높이 1미터 지점에서 발생했구나'라고 본능적으로 계산해 낸다. 이 복잡한 필터링 공식을 공학 용어로 '머리 전달 함수(HRTF, Head-Related Transfer Function)'라고 부른다.

평균의 함정과 내부 정위의 비극

과거의 3D 오디오가 대중화되지 못하고 실패했던 결정적인 이유는 바로 '평균의 함정' 때문이었다. 사람마다 머리 크기, 귀의 모양, 어깨너비가 천차만별인데, 개발자들은 모든 사람에게 똑같은 '표준형 HRTF' 데이터를 적용했다.

이는 마치 내 발 사이즈는 240mm인데, 280mm짜리 남의 신발을 억지로 신겨 놓고 달리라고 하는 꼴이었다. 남의 귀 필터를 끼고 소리를 들으니, 뇌는 혼란에 빠질 수밖에 없다. 그 결과 소리가 머리 밖 공간에서 들리는 것이 아니라, 머리 안쪽 정수리 부근에서 웅웅거리며 맴도는 '내부 정위(Internalization)' 현상이 발생했다. 뒤에서 들려야 할 좀비의 발자국 소리가 뇌 속에서 들리는 이 기이한 경험은 몰입감을 깨뜨리는 주범이었다.

AI가 빚어낸 나만의 귀: 외재화의 마법

하지만 AI 기술의 발전은 이 난제를 해결했다. 최신 공간 음향 기술은 사용자가 스마트폰 카메라로 자신의 귀와 얼굴을 가볍게 스캔하기만 해도, 비전 AI가 그 형상을 3D로 정밀 분석하여 '세상에 하나뿐인 나만의 HRTF 프로필'을 생성해 준다.

AI는 수만 명의 귀 데이터셋을 학습한 결과를 바탕으로 진단한다. "사용자의 귓바퀴는 상단이 뾰족하고 귓불이 두꺼워 소리의 반사가 이렇게 일어나는군요. 당신의 청각 필터에 맞춰 소리를 보정해 드리겠습니다."

이 맞춤형 기술이 적용되는 순간, '외재화(Externalization)'라는 청각적 마법이 일어난다. 이어폰을 귀에 꽂고 있음에도, 소리가 이어폰 유닛이 아닌 저 멀리 벽 너머, 혹은 내 등 뒤의 물리적 공간에서 들려오는 듯한 완벽한 착각을 불러일으킨다. 덕분에 우리는 이어폰 하나만으로도 등 뒤로 다가오는 인기척이나 머리 위를 스쳐 지나가는 헬리콥터의 굉음을 소름 돋을 만큼 정확하게 인지할 수 있다. AI 덕분에 비로소 우리는 가상 세계에서도 '나만의 귀'를 가진 온전한 신체를 얻게 된 것이다.

소리로 당구를 치다: 오디오 레이 트레이싱과 공간의 질감

소리의 물리학: 반사, 회절, 그리고 흡수

진정한 리얼리티는 소리가 공간이라는 환경과 부딪힐 때 완성된다. 텅 빈 체육관에서 박수를 칠 때 울려 퍼지는 "짝!" 소리와, 옷이 가득 찬 드레스룸에서 박수를 칠 때의 먹먹한 "퍽!" 소리는 완전히 다르다. 소리는 공간의 재질, 크기, 형태에 따라 다르게 반응하기 때문이다.

이러한 물리 법칙을 가상 세계에 그대로 구현하는 기술이 바로 '오디오 레이 트레이싱(Audio Ray Tracing)'이다. 이는 빛을 추적하여 그래픽을 만드는 시각적 레이 트레이싱과 원리가 같다. 쉽게 말해 '소리 입자로 당구 치기'다. 가상의 음원에서 발사된 수만 개의 소리 입자가 벽에 부딪혀 튕겨 나오고(반사), 기둥 뒤로 휘어지고(회절), 소파나 카펫 같은 재질에 흡수되는(흡수) 복잡한 경로를 실시간으로 추적하는 기술이다.

목욕탕 효과를 넘어선 리얼타임 시뮬레이션

과거에는 이러한 물리 연산이 너무 복잡해서 슈퍼컴퓨터로도 처리하기 버거웠다. 그래서 옛날 게임이나 VR 콘텐츠들은 단순히 '목욕탕 효과(Reverb)' 같은 싸구려 음장 필터를 상황에 맞춰 대충 덧씌우는 꼼수를 썼다. 동굴에 들어가면 에코를 키우고, 방에 들어가면 줄이는 식이었다. 하지만 이는 흉내일 뿐, 실제 공간감과는 거리가 멀었다.

그러나 최근 등장한 신경망처리장치(NPU)와 결합한 AI 오디오 엔진은 이 엄청난 물리 계산을 실시간으로 해치운다. 내가 가상 공간의 좁고 긴 복도를 걷다가 거대한 대리석 광장으로 나가는 순간, AI는 즉시 공간의 부피 변화와 재질의 반사율을 계산하여 발자국 소리의 울림(Early Reflection & Late Reverberation)을 웅장하게 바꾼다.

보이지 않는 공포: 가림 효과

오디오 레이 트레이싱의 정점은 '가림(Occlusion)' 효과에서 드러난다. 만약 적 캐릭터가 두꺼운 콘크리트 벽 뒤에 숨어 있다고 가정해 보자. 기존의 오디오 시스템에서는 벽이 있든 없든 소리가 똑같이 들렸다. 하지만 물리 기반 오디오 시스템에서 AI는 벽의 두께와 재질을 계산하여, 소리의 고주파 성분은 차단하고 저주파 성분만 남겨 '먹먹하고 둔탁한 소리'를 만들어 낸다.

우리는 이 소리를 듣는 순간 본능적으로 느낀다. "벽 뒤에 무언가 있다." 이것은 시각 정보로는 결코 줄 수 없는 깊은 긴장감과 공간적 정보를 제공한다. 눈에 보이지 않아도 소리의 질감만으로 공간의 구조를 파악하게 하는 것, 이것이 바로 AI가 만드는 청각적 리얼리티의 핵심이다.

고개를 돌려도 소리는 그 자리에: 헤드 트래킹의 완성

월드 락(World-locked): 소리의 좌표 고정

여기에 공간 컴퓨팅의 꽃이라 할 수 있는 '헤드 트래킹(Head Tracking)' 기술이 더해지면 경험은 극대화된다. 현실 세계를 생각해 보자. 내 앞에 라디오가 놓여 있다. 내가 고개를 왼쪽으로 돌리면, 라디오 소리는 나의 오른쪽 귀로 더 크게 들린다. 소리의 위치는 공간에 고정되어 있고(World-locked), 내 귀의 위치만 변했기 때문이다.

공간 음향은 이 자연스러운 현상을 가상 세계에 그대로 재현한다. 가상 공간에서 누군가 내 앞에서 말을 걸고 있을 때, 내가 딴청을 피우며 고개를 돌리거나 몸을 뒤로 젖히면, 그 사람의 목소리는 내 옆통수나 정면에서 멀어지는 소리로 변환된다. 기기에 내장된 자이로 센서와 가속도 센서가 1000분의 1초 단위로 머리의 움직임을 추적하고, AI가 그에 맞춰 소리의 방향을 실시간으로 재배치하기 때문이다.

칵테일파티 효과와 인지 부하의 감소

이 기술은 단순히 게임의 재미를 위한 것이 아니다. 메타버스 오피스나 화상 회의에서 '헤드 트래킹'은 업무 효율과 직결된다. 기존의 줌(Zoom) 회의를 떠올려 보자. 여러 사람이 동시에 말을 하면 모든 목소리가 모니터 한가운데서 뒤섞여 들린다. 우리의 뇌는 누가 말하는지 구분하기 위해 엄청난 에너지를 소모하게 되고, 이는 '줌 피로(Zoom Fatigue)'의 주된 원인이 된다.

반면, 공간 음향이 적용된 회의실에서는 소리의 방향이 명확하다. A는 왼쪽 앞, B는 오른쪽 뒤. 이렇게 소리의 좌표가 분리되면 인간의 뇌는 '칵테일파티 효과(Cocktail Party Effect)'를 발휘한다. 시끄러운 파티장에서도 내가 대화하고 싶은 사람의 목소리만 골라 듣는 능력이다. 소리의 방향성 덕분에 뇌는 청각 정보를 훨씬 쉽게 처리할 수 있고, 피로감은 줄어들며 대화의 몰입도는 획기적으로 높아진다.

우아한 사기극, 뇌를 속이는 마지막 퍼즐

시각 정보가 공간의 '형태(Shape)'를 정의한다면, 청각 정보는 공간의 '질감(Texture)', '부피(Volume)', '존재감(Presence)'을 정의한다. 눈을 감아도 내가 좁은 방에 있는지, 광활한 들판에 있는지 알 수 있는 것은 오직 소리 덕분이다.

AI가 빚어내는 공간 음향은 인간의 뇌를 가장 완벽하게 속이는 '우아한 사기극'이자, 가상현실을 완성하는 마지막 퍼즐 조각이다. 우리는 이제 '보는 VR'의 시대를 지나 '체험하는 VR'의 시대로 진입하고 있다. 그리고 그 체험의 중심에는, 나보다 내 귀를 더 잘 아는 AI, 그리고 빛의 속도로 소리 입자를 계산하는 물리 엔진이 있다.

공간 컴퓨팅의 시대, 소리는 더 이상 배경 음악이 아니다. 그것은 보이지 않는 건축 자재이며, 사용자를 가상 세계에 붙들어 매는 가장 강력한 중력이다. 눈을 감으면 비로소 보이는 세계, 그 입체적인 소리의 향연이 우리를 기다리고 있다.

참고문헌

방미향(2024), 6자유도 입체영상 기술 기반 유아 요가 프로그램의 개발과 적용, 디지털콘텐츠학회, 25(10), pp. 2649-2863 DOI : 10.9728/dcs.2024.25.10.2849

한국과학기술부 외(2006). “과학기술문화 체험 가상현실 기술개발: 2단계 보고서”. 과학기술부.

이재현(2019). 《절대강좌! 유니티 VR/AR: 유니티로 배우는 가상현실/증강현실 콘텐츠 제작 기법》. 위키북스.

서정훈·오현오(2016). “가상현실의 완성, 가상현실 오디오”. 《Ingenium》, 23(3), 12~16쪽.

06
디지털 트윈과 산업의 변화
: 현실을 구원하는 거울 세계

디지털 트윈은 왜 중요한가. 산업 현장과 도시, 의료 시스템을 가상 공간에 쌍둥이처럼 복제해 '현실에서 절대 할 수 없는 실험'을 마음껏 수행함으로써, 막대한 비용과 위험을 수반하는 시행착오를 가상 세계로 이전할 수 있기 때문이다. 공장 설비를 수백 번 고장 내 보며 예지 보전을 학습하고, 환자의 장기를 메디컬 트윈으로 재현해 수술을 예행 연습한다. 이처럼 디지털 트윈과 AI가 결합해 산업, 의료, 도시 안전 분야에서 어떻게 '현실을 구원하는 거울 세계'로 활용되고 있는지를 정리했다.

AI와 민주주의?

서론: 엔터테인먼트를 넘어 생존의 기지로

대중에게 '메타버스'의 정의를 물으면, 십중팔구는 화려한 네온사인이 번쩍이는 게임 속 세상이나 귀여운 아바타들이 담소를 나누는 소셜 플랫폼을 떠올린다. 미디어 역시 메타버스를 현실의 도피처 혹은 유희를 위한 가상 놀이터로 묘사하곤 한다. 그러나 공간 컴퓨팅 기술이 가장 절실하게 요구되고, 소리 소문 없이 천문학적인 자본이 투입되고 있는 진짜 무대는 따로 있다. 그곳은 바로 기름 냄새와 땀 냄새가 진동하는 산업의 최전선이다. 거대한 기계가 굉음을 내며 돌아가는 공장, 수천 톤의 철광석이 녹아내리는 제철소, 생사가 오가는 수술실에서 가상 공간은 결코 놀이터가 아니다. 그곳은 효율을 극대화하고 사고를 예방하며, 궁극적으로 인류의 생존을 담보하기 위한 '전략 기지'다. 우리가 흔히 알고 있는 메타버스가 현실을 잊게 만드는 마취제라면, 산업 현장의 메타버스는 현실을 더 정밀하게 들여다보게 만드는 현미경이자, 다가올 위험을 미리 감지하는 레이더다. 이제 우리는 화려한 그래픽 뒤에 가려져 있던 메타버스의 진짜 얼굴, '디지털 트윈(Digital Twin)'의 세계로 진입한다.

쌍둥이 지구의 탄생: 마음껏 폭발시킬 수 있는 실험실

2014년의 조선소: 보이지 않는 공포와의 싸움

시간을 거슬러 올라가, 선박 3D 설계 데이터의 현장 지원 시스템을 연구하며 조선소 현장을 누비던 시절들이 있었다. 그곳은 거대한 철의 요새였다. 아파트 10층 높이만 한 선박 블록들이 위압적으로 서 있었고, 그 사이를 오가는 작업자들의 표정에는 늘 팽팽한 긴장감이 서려 있었다.

당시 현장의 가장 큰 애로사항은 '불확실성'이었다. 선박 내부에는 전선, 배관, 덕트 등 수천 갈래의 파이프가 혈관처럼 얽혀 있다. 하지만 작업자들에게 주어진 지도는 2차원 종이 도면 한 장뿐이었다. 그들은 평면도 위에 그려진 선들만 보고, 3차원의 복잡한 공간을 머릿속으로 상상하며 배관을 설치해야 했다. "이 파이프가 여기로 지나가는 게 맞나? 저 기둥이랑 부딪히지 않을까?" 작업자들의 불안한 눈빛은 근거 없는 것이 아니었다. 만약 배관 하나가 잘못 설치되어 다른 구조물과 간섭(Interference)이 발생하면, 수백억 원짜리 배의 일부를 다시 뜯어내고 재작업해야 했다. 이는 막대한 비용 손실과 납기 지연으로 이어지는, 조선소에서는 악몽과도 같은 상황이었다. 그때 나는 확신했다. 작업자의 머릿속 상상에 의존하는 것이 아니라, '보이지 않는 것을 미리 보게 해 주는 기술'이 산업의 미래를 바꿀 것이라고.

거울 세계의 구축: 디지털 트윈의 본질

그 기술적 해답이 바로 '디지털 트윈'이다. 디지털 트윈은 말 그대로 현실의 기계, 공장, 심지어 도시 전체를 디지털 공간에 쌍둥이처럼 똑같이 복제해 놓은 거울 세계다. 하지만 이것은 단순히 겉모습만 3D 그래픽으로 예쁘게 본뜬 '모형'이나 '디오라마'가 아니다.

진정한 디지털 트윈은 현실과 보이지 않는 탯줄로 연결되어 있다. 현실의 공장 설비에는 진동, 온도, 압력, 소리 등을 감지하는 수만 개의 IoT(사물인터넷) 센서가 부착되어 있다. 이 센서들은 기계의 상태를 0.1초 단위로 측정하여 디지털 쌍둥이에게 전송한다. 즉, 현실의 모터가 1초에 100번 회전하며 80도의 열을 뿜어내면, 모니터 속의 가상 모터 역시 똑같이 100번 회전하며 붉게 달아오른다. 현실과 가상이 실시간으로 동기화(Synchronization)되는, 살아 있는 유기체인 것이다.

실패를 허용하는 공간: 가상의 파괴 실험실

이 정교한 거울 세계에 AI가 결합하면, 그것은 세상에서 가장 강력하고 안전한 '파괴 실험실'이 된다. 현실 세계의 가장 큰 제약은 '비가역성(Irreversibility)'이다. 엎질러진 물은 주워 담을 수 없고, 폭발해 버린 공장은 되돌릴 수 없다. "이 빨간 버튼을 누르면 공장 효율이 올라갈까, 아니면 폭발할까?"라는 호기심이 생겨도, 현실에서는 감히 시도해 볼 수 없다. 실패의 대가가 너무나 혹독하기 때문이다.

하지만 디지털 트윈 세상에서는 모든 것이 가능하다. 우리는 가상의 공장을 수백 번 폭발시키고, 컨베이어 벨트의 속도를 한계치까지 올려서 고장 내 볼 수 있다. AI는 이 수만 번의 가상 파괴와 실패를 통해 데이터를 학습한다. 그리고 그 결과를 바탕으로 현실의 공장이 가장 안전하고 효율적으로 돌아갈 수 있는 '최적의 값'을 찾아낸다. 현실의 시간과 돈, 그리고 안전을 담보로 해야 했던 '시행착오'라는 고통스러운 과정을, 비용이 들지 않는 가상 공간으로 옮겨 놓은 것이다.

기계의 비명을 듣는 예언자: 예지 보전

이 과정을 통해 AI는 단순한 관리자를 넘어, 미래를 내

다보는 예언자가 된다. 이를 '예지 보전(Predictive Maintenance)'이라 부른다. 과거의 산업 현장은 '사후 대응'의 방식이었다. 기계가 고장 나서 멈춰 서야 비로소 기술자가 공구함을 들고 달려갔다. 이는 생산 라인의 중단(Downtime)을 의미했고, 기업에는 막대한 손실이었다.

하지만 디지털 트윈 속의 AI는 기계가 비명을 지르기도 전에 아픈 곳을 찾아낸다. 센서 데이터의 미세한 패턴 변화를 감지하여 이렇게 경고한다. "주인님, 3번 라인의 모터 베어링 진동수가 평소보다 0.5% 증가했습니다. 이 추세라면 72시간 뒤에 과열로 파손될 확률이 98%입니다. 지금 당장 교체하십시오." 인간의 오감으로는 결코 감지할 수 없는 미세한 징후를 포착하여, 사고가 발생하기 전에 미리 조치하는 것. 이것이야말로 산업용 공간 컴퓨팅이 추구하는 궁극의 가치다.

신의 영역에 도전하다: 수술실의 'Ctrl+Z' 버튼

찢어진 지도를 든 의사들

디지털 트윈과 AI의 결합은 차가운 기계와 콘크리트를

넘어, 따뜻한 피가 흐르는 인간의 생명 영역으로 진격하고 있다. 의료 분야에서 일어나고 있는 '메디컬 트윈(Medical Twin)' 혁명은 가히 충격적이다.

과거의, 그리고 현재 의사들 대부분은 2차원 데이터에 의존해 수술을 집도한다. 엑스레이나 흑백의 CT, MRI 사진 몇 장을 라이트 박스에 걸어 두고, 환자의 배 속 장기가 입체적으로 어떻게 생겼을지 머릿속으로 끊임없이 상상하며 메스를 댄다. 이는 마치 찢어진 평면 지도 몇 조각만 들고 복잡한 미로 속으로 보물찾기를 하러 들어가는 것과 같다. 실제 수술 현장에서 예상치 못한 혈관을 건드려 출혈이 발생하거나, 종양의 위치가 생각보다 깊어 당황하는 일은 비일비재했다.

실행 취소가 가능한 수술실

하지만 메디컬 트윈 기술은 환자의 장기를 토씨 하나 틀리지 않고 그대로 본뜬 3D 복제본을 의사에게 제공한다. AI는 환자의 CT 데이터를 순식간에 고해상도 3D 모델로 변환한다. 의사는 VR 헤드셋을 쓰고 환자의 심장 속으로, 뇌 속으로 걸어 들어간다. 종양이 중요 혈관과 얼마나 위험하게 얽혀 있는지, 뼈의 두께가 어느 정도인지 이리저리 돌려보며 확인한다.

심지어 의사는 가상의 메스를 들어 수술을 예행연습(Rehearsal)해 볼 수 있다. “아, 이 각도로 자르면 대동맥을 건드릴 위험이 있겠군. 접근 경로를 반대쪽으로 바꿔 보자.” 현실이었다면 환자의 생명이 위태로웠을 실수를 가상 공간에서 미리 경험하고 수정하는 것이다. 단 한 번의 실수가 한 사람의 우주를 멸망시킬 수도 있는 수술실에서, 디지털 트윈은 의사에게 신만이 가질 수 있다던 권능, 바로 ‘실행 취소(Ctrl+Z)’ 버튼을 쥐여 주는 셈이다. 이는 의료 사고를 획기적으로 줄이고, 수술 성공률을 높이는 가장 확실한 보험이다.

재난을 시뮬레이션하다: 도시 전체가 실험실

무너뜨릴 수 없는 도시

시야를 넓혀 보자. 디지털 트윈은 기계와 인체를 넘어 도시(City) 단위로 확장되고 있다. 기후 위기로 인한 기상이변이 속출하는 현대 사회에서, 도시 계획과 재난 안전 분야의 시뮬레이션은 선택이 아닌 필수가 되었다.

“우리 도시에 100년 만의 기록적인 폭우가 쏟아지면 어떻게 될까? 어느 동네가 먼저 잠기고, 지하차도는 언제 통제해야 할까?” 이 질문에 답하기 위해 현실의 댐을 무너뜨리거나 도시에 물을 채워 볼 수는 없는 노릇이다. 도시는 수십만, 수백만 명의 삶이 얽혀 있는 거대한 유기체이기 때문이다.

가상의 재난, 현실의 안전

대신 AI는 도시를 통째로 복제한 디지털 트윈 위에 가상의 비를 퍼붓는다. 지형의 고저차, 하수도의 배수 용량, 건물의 밀집도 등을 계산하여 물이 어디서부터 차오르는지를 시뮬레이션한다. 또 건물에 불이 났을 때 연기가 퍼지는 속도와 방향을 예측하고, 병목 현상 없이 사람들을 대피시킬 수 있는 최적의 경로를 찾아낸다.

우리는 뉴스에서 화재나 침수로 인한 안타까운 인명 피해 소식을 접할 때마다 "막을 수 있었던 인재(人災)"라고 탄식한다. 디지털 트윈은 바로 그 '막을 수 있는 가능성'을 과학적으로 증명하고 대비책을 세우게 해 주는 도구다. 가상 공간에서의 재난 경험은 현실 세계의 안전 매뉴얼을 만드는 가장 강력한 데이터가 된다.

가장 현실적인 도구로서의 가상 세계

우리는 흔히 메타버스를 현실의 고단함을 잊기 위한 '도피처' 혹은 환상적인 '꿈의 세계'라고 생각한다. 하지만 산업과 의료, 공공 분야에서 마주한 공간 컴퓨팅의 민낯은 정반대다. 그것은 현실의 가장 아픈 문제들, 즉 비용 절감, 사고 예방, 생명 연장이라는 과제를 해결하기 위해 탄생한, 가장 '현실적인 도구'다.

역설적이게도, 우리가 발 딛고 선 물리적 세계를 더 안전하고 풍요롭게 지키기 위해서, 우리는 가상의 세계를 더 정교하게 구축해야만 한다. 현실을 구원하는 힘은 현실 밖에 존재한다. 거울 속의 쌍둥이 지구가 현실의 지구를 지키는 방패가 되는 세상. 디지털 트윈은 인류가 가진 가장 안전하고, 가장 저렴하며, 가장 강력한 미래 예측 시스템이다.

참고문헌

오연재(2014), 모바일 증강현실 기반의 효율적인 설계도면 3D 모델 시각화 시스템, 순천대학교 대학원

Ismail, L. et al.(2025). A Systematic Review of Digital Twin-Driven Predictive Maintenance in Industrial Engineering. https://arxiv.org/abs/2509.24443

Khan, A. S. et al.(2025). A Comprehensive Survey on Surgical Digital Twin. https://arxiv.org/abs/2512.00019

MTi.(2024). How Singapore Leads the Way in Urban Planning with Digital Twin Technology. https://www.mingothings.com/post/how-singapore-leads-the-way-in-urban-planning-with-digital-twin-technol ogy

Tomorrow.City(2025). Building Climate Resilience: How Cities Use Digital Twins.

van Dinter, R. et al.(2022). Predictive maintenance using digital twins: A systematic literature review. *Information and Software Technology, 151*, 107008.

07
온디맨드 VR과 개인화
: 나만을 위한 '오마카세' 우주

온디맨드 VR과 개인화는 왜 중요한가. 과거 모두에게 똑같이 주어지던 '공장제 콘텐츠'를 넘어, 생성형 AI와 공간 컴퓨팅은 심박수 · 동공 · 표정 등 감성 컴퓨팅 기반 데이터를 활용해 그 순간의 감정과 상태에 맞는 공간을 실시간으로 설계하는 '오마카세형 경험'을 가능하게 한다. 이를 통해 게임 · 교육뿐 아니라 말기 환자와 노인을 위한 맞춤형 힐링 · 운동 VR까지, 한 사람의 마음과 몸에 맞춘 '공간 처방전'을 제공하는 기술로 진화하는 과정을 정리했다.

AI와 애니메이션?

냉동 만두와 셰프의 요리: 개발자가 '신'이던 시대의 종말

지난 반세기 동안 우리가 향유해 온 디지털 콘텐츠의 본질을 냉정하게 평가한다면, 그것은 '공장제 냉동 만두'에 비유할 수 있다. 넷플릭스에 접속하면 수만 편의 영화가 화려한 뷔페처럼 펼쳐져 있지만, 그 영화의 결말은 내가 보든 지구 반대편의 누군가가 보든 토씨 하나 틀리지 않고 똑같다. 게임의 문법 또한 다르지 않다. '개발자(Creator)'라는 이름의 절대자가 맵을 설계하고, 몬스터를 배치하고, 스토리를 확정하면, 수백만 명의 게이머는 그 정해진 길을 따라가야만 했다. 우리는 그것을 '상호작용'이라 불렀지만, 엄밀히 말하면 그것은 잘 짜인 미로 찾기에 불과했다.

이것이 바로 '매스미디어(Mass Media)' 시대의 한계였다. 콘텐츠는 대량 생산되어 서버라는 창고에 쌓이는 재고였고, 사용자는 그 재고 중 하나를 골라 소비하는 수동적인 존재였다. 그러나 생성형 AI와 결합한 공간 컴퓨팅은 이 낡은 문법을 산산조각 내고 있다. 이제 콘텐츠는 미리 만들어지는 것이 아니라, 사용자가 접속하는 바로 그 순간 실시간으로 조리되는 '라이브 요리'가 된다. 우리는 이것을 '온디맨드(On-Demand) VR'이라 부른다.

나만을 위한 '오마카세' 우주: 실시간 생성의 마법

힐링 숲이 아닌, 나의 숲

상상해 보자. 직장에서 상사에게 시달리고, 퇴근길 만원 지하철에서 낯선 타인들에게 치여 녹초가 된 채 집에 돌아왔다. 습관처럼 VR 헤드셋을 착용한다. 예전 같으면 개발자가 3년 전에 만들어 둔 '힐링 숲' 앱을 실행했을 것이다. 그 숲은 어제도, 오늘도, 그리고 내일도 똑같은 나무가 똑같은 자리에 서 있는 고정된 풍경이다. 3일쯤 보면 지겨워지는, 박제된 자연일 뿐이다.

하지만 온디맨드 환경의 AI는 다르다. 헤드셋을 착용하는 순간, AI 비서가 다정하게 말을 건넨다. "주인님, 오늘 심박수가 평소보다 높고 목소리에 힘이 없으시네요. 혹시 회사에서 안 좋은 일이 있으셨나요?" 내가 "어, 좀 답답하고 우울해. 아무도 없는 곳에서 쉬고 싶어"라고 대답하는 찰나의 순간, AI는 세상에 없던 공간을 그 자리에서 즉시 '건축'하기 시작한다.

답답한 빌딩 숲 대신 탁 트인 수평선이 보이는 해변을 깐다. 파도 소리는 무작위로 재생되는 것이 아니라, 나의 현재 심박수와 호흡 주기에 맞춰 가장 편안함을 느낄 수 있는 리듬(1/f 파동)으로 철썩인다. 만약 내가 "아니, 오늘은 좀 조용히 있고 싶어. 따뜻한 느낌으로"라고 정정하면, AI는 순식간에 해변을 지워 버리고(Delete), 타닥타닥 모닥불이 타오르는 북유럽풍의 겨울 산장을 생성(Generate)한다.

추천을 넘어 생성으로

이것은 넷플릭스가 영화를 '추천'해 주는 차원이 아니다. AI가 나를 위한 영화 세트장을 그 자리에서 즉석으로 짓고 부수는 것이다. 사용자의 기분, 컨디션, 취향에 맞춰 세상에 단 하나뿐인, 오직 나만을 위한 '공간 오마카세'가 시작되는 것이다. 이는 콘텐츠 소비의 패러다임이 '선택(Selection)'에서 '생성(Generation)'으로 전환됨을 의미한다.

몸은 거짓말을 하지 않는다: 감성 컴퓨팅과 생체 프롬프트

가장 정직한 인터페이스

이 완벽한 맞춤형 세계를 완성하는 열쇠는 무엇일까? 바로 AI가 내 마음을 읽는 기술이다. 여기서 말과 글(텍스트)보다 훨씬 더 강력하고 솔직한 입력 도구가 등장한다. 바로 당신의 '몸(Body)'이다.

인간은 언어라는 가면을 쓰고 거짓말을 할 수 있다. 속으로는 공포에 떨면서도 "나 괜찮아, 하나도 안 무서워"라고 허세를 부릴 수 있다. 하지만 우리의 몸은 거짓말을 하지 못한다. 공포를 느끼면 동공은 미세하게 흔들리고, 손에는 식은땀이 나며(피부 전도도 상승), 심장은 방망이질 친다. 공간 컴퓨팅 기기와 스마트워치 같은 웨어러블 센서는 이 미세한 '생체 신호(Bio-signals)'를 실시간으로 훔쳐본다. 그리고 이 생체 데이터가 곧 AI에게 전달되는 가장 강력하고 솔직한 프롬프트가 된다. 이것을 학술적으로는 '감성 컴퓨팅(Affective Computing)'이라고 한다.

도파민의 최적점을 찾아서

이 기술이 적용된 공포 게임을 상상해 보자. 기존 게임은 내가 하품을 하든 비명을 지르든 똑같은 타이밍에 귀신이 튀어나오도록 스크립트가 짜여 있었다. 하지만 감성 컴퓨팅 기반의 AI 게임 마스터는 내 심박수를 1초 단위로 모니터링한다.

'어라? 심박수가 70bpm으로 평온하네? 이 유저는 지금 지루해하고 있어.' AI는 즉시 조명을 끄고, 으스스한 바이올린 소리를 키우고, 천장에서 핏방울을 떨어뜨려 공포 수치를 극한으로 끌어올린다. 반대로 내가 너무 놀라 심박수가 180bpm을 찍고 기절하기 직전이라면? AI는 '위험하다'고 판단하고 귀신의 등장을 늦추거나 조도를 밝혀 난도를 낮춰 준다. 나보다 나를 더 잘 아는 AI가, 내가 가장 짜릿하게 즐길 수 있는 '도파민의 최적점(Sweet Spot)'을 찾아 실시간으로 밀당을 하는 것이다.

조는 학생이 없는 교실

교육 현장에서도 마찬가지다. AI 선생님은 학생의 눈동자를 추적(Eye-tracking)한다. 학생의 시선이 칠판이 아닌 창밖을 향하거나 동공이 풀리며 집중력이 저하되는 징후가 포착되면, AI는 즉시 수업 방식을 바꾼다. 지루한 텍스트 설명 대신 화려한 3D 홀로그램을 띄우거나, 갑자기 퀴즈를 내어 주의를 환기한다. "너 조는 거 다 보인다!"라고 혼내는 선생님은 옛말이다. 학생이 졸 틈을 주지 않고 환경 자체를 바꿔 버리는 선생님, 그것이 바로 감성 컴퓨팅이 여는 미래 교실의 풍경이다.

마음을 치료하는 공간 처방전: 호스피스와의 만남

남의 경험이 아닌 나의 경험으로

이 기술이 단순히 게임이나 교육을 넘어 가장 빛나는 곳은 바로 '치유(Healing)'의 영역이다. 나는 현재 '생성형 AI 기반 말기환자 맞춤형 호스피스 케어 플랫폼'과 '노인 맞춤형 신체활동 지원 플랫폼'을 설계하고 연구하고 있다. 이 연구는 나에게 기술이 얼마나 따뜻할 수 있는지를 알려 주었다.

죽음을 앞둔 호스피스 병동의 말기 환자들을 떠올려 보자. 그들은 극심한 신체적 고통뿐만 아니라, 병실이라는 한정된 공간에서 오는 깊은 정서적 고립감과 우울을 겪는다. 그들에게 "좋은 풍경을 보여 주자"며 미리 찍어 온 알프스산맥 영상을 보여 주는 것은 큰 위로가 되지 못했다. 그것은 아름답지만 '남의 경험'이지, 환자 본인의 추억이 서린 '나의 경험'이 아니기 때문이다.

시간을 되돌리는 마법

이때 온디맨드 VR은 단순한 기계가 아니다. AI는 환자의 생체 신호와 표정을 분석한다. 그리고 환자의 가족들과 인터뷰한 데이터를 바탕으로, 환자가 젊은 시절 가장 행복해했던 '고향 집의 마당'을 가상 공간에 1:1로 복원해 낸다.

환자가 VR 기기를 쓰고 가상의 고향 집에 들어선다. 환자의 표정이 슬퍼 보이면, AI는 따뜻한 위로의 말을 건네는 가상 캐릭터를 생성해 다가가게 한다. 그 캐릭터는 먼저 떠난 배우자일 수도 있고, 어릴 적 친구의 모습일 수도 있다. 그 캐릭터는 환자의 손을 잡고(촉각 슈트를 통해) 이렇게 말한다. "오늘 날씨가 참 좋죠? 당신이 좋아하던 꽃이 피었어요."

인간을 위한 기술의 완성

또 거동이 불편한 어르신들을 위해서는 AI가 실시간으로 움직임을 분석한다. 무리하게 운동을 강요하는 것이 아니라, 어르신의 관절 가동 범위와 그날의 컨디션을 파악하여 "오늘은 딱 요만큼만 움직여 보세요, 아주 잘하셨어요!"라고 격려하는 맞춤형 운동 파트너가 된다.

이것은 규격화된 병원 시스템이 줄 수 없는, 환자 한 명 한 명의 마음과 몸을 어루만지는 '공간 처방전(Spatial Prescription)'이다. 기술이 차가운 금속성을 벗고 인간의 온기를 입는 순간, 우리는 비로소 기술 발전의 진정한 의미를 찾게 된다. 나는 확신한다. 공간 컴퓨팅과 AI의 결합은 결국 인간을 더 인간답게 살게 하고, 생의 마지막 순간까지 존엄을 지킬 수 있도록 돕는 도구가 될 것이라고 말이다.

개인화된 우주의 탄생

우리는 이제 매스미디어의 시대와 작별하고, '퍼스널 미디어(Personal Media)'를 넘어선 '온디맨드 리얼리티(On-Demand Reality)'의 시대로 진입하고 있다. 그곳은 타인이 만든 길을 따라 걷는 세계가 아니라, 나의 감정과 상태에 따라 길이 만들어지는 세계다.

생체 신호라는 가장 솔직한 언어로 AI와 소통하며, 우리는 치유받고, 위로받고, 때로는 극한의 즐거움을 느낀다. 공간은 더 이상 고정된 배경이 아니라, 사용자의 내면을 비추는 거울이자 반응하는 유기체가 되었다. 이것이 바로 생성형 AI가 공간 컴퓨팅을 만나 우리에게 선사하는 가장 따뜻하고도 혁신적인 미래다.

참고문헌

오연재·김윤영(2025), 생성형 인공지능 기반 VR·빅데이터 융합 말기환자 맞춤형 호스피스 케어 플랫폼 설계,

인공지능융합기술연구, 5(3), pp. 163-169. https://www.kaicts.or.kr/view.php?bbs_id=sub_paper&ss[st]=1&ss[sc]=1&ss[kw]=%EC%98%A4%EC%97%B0%EC%9E%AC&page=1&mu=&kmu=&m_mobile=&cntry=&doc_num=105

이은지(2025), 감성 컴퓨팅을 활용한 사회정서학습(SEL) 기반 AI 소셜 로봇 메이커 교육 프로그램 개발, 한국컴퓨터교육학회, 28(5) pp. 33-44. https://www.kci.go.kr/kciportal/ci/sereArticleSearch/ciSereArtiView.kci?sereArticleSearchBean.artiId=ART003204639

Bayro, A. & Jeong, H.(2025). A Systematic Review of Experimental Protocols: Towards a Uniform Framework in Virtual Reality Affective Research. IEEE Transactions on Affective Computing, 16(3), pp.1334~1348. https://ieeexplore.ieee.org/document/10945786

Konzack, L.(2025). Generative AI, Simulacra, and the Transformation of Media Production. *Athens Journal of Mass Media and Communications, 11*(3), pp.177~196.

Lee, J. et al.(2023). Exploring the Effects of VR Activities on Stress Relief: A Comparison Study. Proc. IEEE VR Conf., pp.45~52. https://doi.org/10.1109/VR.2023.10316433

Rahimi, F. et al.(2025). Generative AI Meets Virtual Reality: A Comprehensive Survey on Applications, Challenges, and Future Direction. *IEEE Access, 13*, pp.94893~94909. https://ieeexplore.ieee.org/document/11017583

08
노코드 창작과 크리에이터: 바벨탑이 무너지고, 누구나 세계를 짓다

그동안 메타버스 · VR 제작은 C#/C++를 다루는 소수 개발자에게만 허용된 성역이었고, 수많은 창작자는 아이디어가 있어도 코드의 장벽 앞에서 좌절해야 했다. 그러나 자연어로 "이 장면 만들어 줘"라고 말하면 AI가 코드 · 그래픽 · 사운드 · 인터랙션을 대신 구현해 주는 노코드/로코드 환경이 열리면서, 기획자 · 디자이너 · 웹툰 작가 · 소설가 등 비개발자도 1인 총괄 디렉터로서 자신만의 가상 세계를 직접 짓고 배포할 수 있는 시대로 이동하고 있음을 정리했다.

AI와 인재 채용?

서론: 현대판 바벨탑과 창작의 신분제

구약성경에 등장하는 바벨탑 이야기는 인류가 언어의 혼란으로 인해 서로 소통하지 못하고 흩어지게 된 기원을 설명한다. 21세기 디지털 세계에서도 이와 유사한 '언어의 장벽'이 존재해 왔다. 바로 인간의 언어(Natural Language)와 기계의 언어(Machine Code) 사이의 건널 수 없는 간극이다. 이 간극은 지난 수십 년간 디지털 콘텐츠 제작의 세계에 보이지 않는, 그러나 강철보다 단단한 '신분제'를 구축했다.

그 피라미드의 정점에는 C#이나 C++, 파이선 같은 난해한 기계어를 모국어처럼 구사하는 '개발자(Developer)'라는 사제들이 앉아 있었다. 유니티(Unity)나 언리얼(Unreal) 같은 게임 엔진은 그들만이 들어갈 수 있는 성역(Sanctuary)이었으며, 코딩 능력은 그 성역의 문을 여는 유일한 열쇠였다. 반면, 기획자나 디자이너, 혹은 뛰어난 상상력을 가진 예술가들은 성문 밖에서 서성여야 했다. 그들이 아무리 미켈란젤로처럼 아름다운 3D 캐릭터를 빚어 놓고, 톨킨처럼 방대한 세계관을 설계했다 한들, 개발자가 코드를 짜서 생명(Interaction)을 불어넣지 않으면 그것은 그저 디지털 공간에 서 있는 '예쁜 시체'에 불과했기 때문이다.

이것은 '창작의 독점'이었다. 기술을 가진 자만이 세계를 지을 수 있었고, 기술이 없는 자는 그 세계의 소비자로 남아야 했다. 그러나 생성형 AI라는 거인이 등장하면서, 이 견고했던 바벨탑이 무너져 내리고 있다. 바야흐로 '노코드(No-Code)' 혹은 '로코드(Low-Code)'의 시대가 도래했다. 이것은 기계가 드디어 인간의 말을 알아듣기 시작했음을 알리는 신호탄이자, 창작의 권력이 기술자에서 상상가로 이동하는 역사적인 권력 이양의 순간이다.

통곡의 벽: 상상력의 거세와 에러 메시지의 공포

머릿속의 블록버스터와 현실의 멈칫거림

지난 10년간 메타버스나 VR 콘텐츠 제작 현장은 수많은 창작자에게 '통곡의 벽'과 같았다. 나 또한 유튜브 크리에이터로서, 그리고 공간 컴퓨팅을 연구하는 학자로서 새로운 콘텐츠를 기획할 때마다 이 거대한 벽을 실감하곤 했다.

창작의 시작은 언제나 달콤하다. 제 머릿속 극장에서는 이미 화려한 블록버스터가 상영되고 있다. '주인공이 허공을 향해 손짓하면 거대한 마천루가 와르르 무너져 내리고, 갈라진 아스팔트 바닥 틈새에서는 붉은 용암이 솟구쳐 오르는 장면을 넣어야지. 그때 카메라는 주인공의 눈동자를 클로즈업하고, 배경 음악은 장엄한 오케스트라로 깔리는 거야.'

상상은 자유롭고 거침이 없다. 하지만 현실의 나는 차가운 모니터와 키보드 앞에서 멈칫한다. 그 웅장한 상상을 구현하기 위해 치러야 할 기술적 대가를 너무나 잘 알고 있기 때문이다. 건물이 무너지는 물리 엔진(Physics Engine)을 계산해야 하고, 용암의 유체 역학을 시뮬레이션해야 하며, 카메라 앵글과 사운드 트리거를 제어하기 위해 수천 줄의 코드를 작성해야 한다.

괄호 하나에 무너지는 세계

아이디어는 펄펄 끓어 넘치는데, 그것을 펴낼 손가락이 묶여 있는 기분. 이것은 단순한 불편함이 아니었다. 그것은 '상상력의 거세'였다. 기술적 구현의 난도를 떠올리는 순간, 창작자는 무의식적으로 자신의 상상을 축소하고 검열하게 된다. "이건 구현하기 너무 어려우니까 빼자", "이건 코딩이 복잡하니까 단순하게 가자." 결국 남는 것은 기술적 제약에 맞춰 난도질당한, 초라한 결과물

뿐이었다.

이것이 그동안 공간 컴퓨팅 콘텐츠가 소수 기술자의 전유물로 남을 수밖에 없었던 결정적인 이유였다. 다양성은 기술 장벽에 막혀 질식했고, 메타버스는 기술 과시용 데모 영상들의 전시장으로 전락했다. 창작의 의지가 기술의 벽에 부딪혀 좌절되는 곳, 그곳이 바로 개발자가 아닌 모든 크리에이터 마주했던 통곡의 벽이었다.

외계어 대신 모국어로: 세미콜론의 공포에서 해방되다

문법의 혁명: 함수에서 의도로

하지만 생성형 AI는 프로그래밍의 문법을 송두리째 바꾸어 놓았다. 과거에 '문이 자동으로 열리는' 단순한 기능을 구현하려 해도, 우리는 기계의 언어, 즉 '외계어'를 써야만 했다.

이 차가운 명령어들 사이에서 괄호({}) 하나, 점(.) 하나, 심지어 문장의 끝을 알리는 세미콜론(;) 하나만 빠뜨려도 프로그램은 빨간색 에러 메시지를 뱉으며 먹통이 되곤 했다. 문과적 감수성을 가진 창작자들에게 통합 개발 환경(IDE)의 검은 화면은 창작의 캔버스가 아니라, 틀리면 벌을 받는 엄격한 시험지와 같았다. 창작자는 '무엇을 만들까'를 고민하기보다 '어떤 함수를 써야 오류가 안 날까'를 고민하느라 머리를 쥐어뜯어야 했다.

자연어 코딩: 말하는 대로 이루어지다

하지만 노코드 환경에서는 채팅창에 친구에게 말하듯 입력하면 된다. "플레이어가 문 앞에 다가가면 문이 스르르 열리게 해 줘. 아, 그냥 열리지 말고 공포 영화처럼 '끼익' 하는 녹슨 경첩 소리도 넣어 주고, 문틈으로 회색 안개도 좀 새어 나오게 해 줘."

마치 알리바바가 동굴 앞에서 "열려라 참깨"를 외치듯, 우리가 일상적으로 쓰는 '자연어(Natural Language)'가 곧 실행 가능한 코드가 된다. 거대언어모델(LLM)을 탑재한 AI는 이 문장의 맥락(Context)을 파악한다. '문 앞에 다가가면'은 '거리 감지 센서'로, '스르르'는 '부드러운 애니메이션 곡선(Lerp)'으로, '끼익 소리'는 '오디오 소스 트리거'로, '안개'는 '파티클 시스템'으로 번역한다. 그리고 백그라운드에서 순식간에 복잡한 C# 코드를 생성하고 컴파일하여 실행한다.

로블록스(Roblox)의 '생성형 AI 크리에이터'나 유니티의 '뮤즈(Muse)' 같은 도구들이 이 마법을 현실로 만들고 있다. 이제 창작자는 논리적 정합성을 따지는 '알고리즘적 사고(Algorithmic Thinking)'의 무거운 짐을 AI에게 내려놓는다. 대신 인간은 본연의 역할인 '창의적 사고(Creative Thinking)'와 '연출'에 온전히 집중할 수 있게 되었다. 세미콜론의 공포가 사라진 자리에는 자유로운 상상의 날개가 돋아나고 있다.

슈퍼 개인의 탄생: 나만의 우주를 짓다

창작 권력의 거대한 이동

이 변화는 단순히 '작업이 편리해졌다'는 차원을 넘어선다. 이것은 '창작 권력의 거대한 이동'을 의미한다. 지금까지 그럴듯한 VR 게임이나 메타버스 공간 하나를 만들려면 기획자, 레벨 디자이너, 3D 모델러, 애니메이터, 클라이언트 프로그래머, 서버 프로그래머, 사운드 엔지니어로 구성된 거대 팀과 그들을 유지할 막대한 자본이 필요했다. 즉, 자본과 기술이 결합된 기업만이 세계를 건축할 권리를 가졌다.

하지만 이제는 다르다. 기술을 전혀 모르는 웹툰 작가, 소설가, 영화감독, 그리고 수많은 일반인이 공간 컴퓨팅의 창작자로 대거 유입되고 있다. "중세 판타지풍의

성을 만들어 줘."(배경 모델러 대체) "주인공이 걸을 때 웅장한 오케스트라 음악을 깔아 줘."(작곡가 대체) "마을 사람들이 플레이어에게 각기 다른 소문을 이야기하게 해 줘."(시나리오 작가 및 스크립터 대체) "문이 열릴 때의 상호작용 코드를 짜 줘."(프로그래머 대체)

1인 총괄 디렉터의 시대

인간은 이 모든 AI 조수를 지휘하는 '1인 총괄 디렉터'가 된다. 우리는 이것을 '슈퍼 개인(Super Individual)'의 탄생이라 부른다. 유튜브가 방송국이라는 거대 자본 없이도 개인이 방송을 할 수 있는 '퍼스널 미디어' 시대를 열었듯이, AI 기반의 공간 컴퓨팅은 거대 게임사 없이도 개인이 자신만의 가상 세계를 건축하고 배포하는 시대를 열 것이다.

기술이 인간의 언어를 배우기 시작하면서, 인간은 더 이상 기계의 언어를 억지로 배울 필요가 없어졌다. 진입장벽이 사라진 광장에는 이제 획일화된 상업용 콘텐츠가 아니라, 개개인의 독창적인 취향과 서사가 담긴 수억 개의 새로운 우주가 빅뱅처럼 폭발할 것이다.

상상력, 최후의 성역이자 유일한 한계

노코드 혁명은 우리에게 묻는다. 기술의 핑계를 댈 수 없는 시대, 당신은 무엇을 보여 줄 것인가?

과거에는 "코딩을 못 해서", "3D 툴을 다룰 줄 몰라서"라는 변명이 통했다. 아이디어가 없어서가 아니라 기술이 없어서 못 만든다고 위안할 수 있었다. 하지만 이제 그 방패막이는 사라졌다. 당신의 손끝에는 인류 역사상 가장 강력하고 친절한 창조의 도구가 쥐어져 있다.

이제 당신의 상상력을 가로막는 것은 코딩 실력도, 자본도, 인맥도 아니다. 당신을 멈추게 할 수 있는 유일한 한계는, 오직 당신의 '빈약한 상상력'뿐이다.

바벨탑은 무너졌다. 소통의 언어는 하나로 통일되었고, 그 언어는 바로 당신의 '말'이다. 신의 영역이었던 '세계의 창조'가 이제 인간의 영역, 그것도 모든 개인의 영역으로 내려왔다. 자, 재료는 준비되었고 도구는 손에 있다. 이제 당신만의 세계, 당신만의 우주를 지을 준비를 하면 된다.

참고문헌

오연재·김윤영(2025). "AI·AR·빅데이터 융합 기반 노인 맞춤형 신체활동 지원 플랫폼 설계". 《인공지능융합기술연구》, 5(2),

107～112쪽.
장효경(2002). "디지털 전환 시대를 위한 노코드 기반 개인화 맞춤 모바일 홍보 앱 서비스". 《한국지식정보기술학회 논문지》, 17(5), 911～917쪽.
채혜송·안혜진(2025). "지역문화산업의 디지털 전환: 노코드 기반 디지털 축제 운영 플랫폼 설계 및 적용에 관한 연구". 《문화산업연구》, 25(4), 1～11쪽.
최연숙(2025). "노코드 AI 프롬프팅 심리상담챗봇 개발". 《한국콘텐츠학회 논문지》, 25(1), 32～47쪽.
최인화·나원식(2025). "노코드(No Code) 기반의 웹 UI 테스트케이스 자동생성 기법에 관한 연구". 《산업융합연구》, 23(1), 1～8.

09
공간 데이터와 프라이버시: 내 방에 '디지털 패놉티콘'이 세워지다

XR 헤드셋은 단순히 '순간'을 찍는 스마트폰과 달리, SLAM과 라이다 센서를 통해 집 구조, 물건 배치, 생활 패턴까지 사용자의 일상을 통째로 3D 지도화하며, 해킹 · 오남용 시 '디지털 패놉티콘'으로 변할 위험을 안고 있다. 여기에 아이 트래킹을 통해 시선과 동공 반응을 수집하면, 구매 의향뿐 아니라 성적 취향, 정치 성향, 정신 건강 상태 등 무의식적 정보까지 기업과 플랫폼이 읽어 낼 수 있어, 공간 프라이버시와 더불어 '생각과 감정이 나에게만 속할 권리'가 심각하게 위협받고 있다.

AI와 기자?

자발적 감시의 시대와 프라이버시의 종말

제러미 벤담(Jeremy Bentham)이 설계한 원형 감옥 '패놉티콘(Panopticon)'은 중앙의 감시탑에서 모든 죄수를 볼 수 있지만, 죄수는 감시자를 볼 수 없는 비대칭적 시선 권력을 특징으로 한다. 감시받고 있다는 불확실한 공포는 죄수들로 하여금 스스로를 검열하고 규율하게 만든다. 21세기, 우리는 이 패놉티콘을 강요받는 것이 아니라, 자발적으로 막대한 비용을 지불하고 안방 한가운데 세우고 있다.

우리는 일상에서 프라이버시에 대해 꽤나 예민한 태도를 견지한다. 스마트폰 앱이 "사진첩 접근 권한을 허용하시겠습니까?"라고 물으면, 마치 자신의 은밀한 비밀이 누설될까 두려워하며 주저 없이 '거절' 버튼을 누른다. 그러나 아이러니하게도, 우리는 공간 컴퓨팅 기기(XR 헤드셋)를 머리에 뒤집어쓰는 순간, 스마트폰과는 차원이 다른 '모든 권한'을 빅테크 기업에 이양하고 있다. 편리함이라는 달콤한 과실 뒤에 숨겨진, 우리의 공간과 뇌, 그리고 정체성까지 겨냥한 거대한 데이터 채굴 시스템. 이것은 기술 발전의 필연적 그림자인가, 아니면 인류가 마주한 새로운 디스토피아의 서막인가?

스마트폰은 '순간'을 찍지만, 헤드셋은 '삶'을 찍는다

데이터 수집의 주도권 상실

냉정하게 비교해 보자. 기존의 모바일 기기, 즉 스마트폰 카메라는 렌즈가 바깥을 향해 있다. 그리고 셔터를 누르는 주체는 사용자 자신이다. 내가 보여 주고 싶은 풍경, 기록하고 싶은 순간만을 선택적으로 프레임에 담는다. 즉, 데이터 수집의 '주도권(Sovereignty)'이 사용자에게 있다. 우리는 언제든 카메라를 끄거나 렌즈를 가림으로써 시선을 차단할 수 있다.

하지만 공간 컴퓨팅 기기는 본질적으로 다르다. 이 기기가 작동하기 위해 필수적인 '슬램(SLAM, Simultaneous Localization and Mapping)' 기술은, 사용자의 의지와 무관하게 주변의 '모든 것'을 끊임없이, 그리고 실시간으로 스캔해야만 한다. 기계가 가상 공간에서 자신의 좌표를 잃지 않으려면 벽이 어디에 있는지, 바닥에 장애물은 없는지, 천장의 높이는 얼마인지를 0.01초 단위로 확인하고 갱신해야 하기 때문이다. 사용자가 기기를 켜는 순간, 감시는 '선택'이 아니라 '필수'가 된다.

3차원 공간 지도: 삶의 정밀한 청사진

사용자가 헤드셋을 쓰고 거실 소파에 앉아 넷플릭스를 즐기는 동안, 기기에 장착된 10여 개의 고성능 카메라와 라이다(LiDAR) 센서는 쉬지 않고 돌아간다. 센서의 시선은 넷플릭스 화면에 머물지 않는다. 그것은 사용자의 가장 사적인 공간을 샅샅이 훑는다.

탁자에 무심코 올려둔 우울증 약봉지, 벽에 걸린 아이들의 성장 사진, 소파 구석에 벗어 둔 속옷, 심지어 펼쳐진 책의 페이지와 금고의 비밀번호 패턴까지. 기계는 이 모든 물리적 환경을 0과 1의 데이터로 변환하여 정교한 '3차원 공간 지도(Spatial Map)'를 그린다. 이 지도는 단순히 방의 크기를 잰 도면이 아니다. 그곳에 사는 사람의 취향, 경제력, 건강 상태, 가족 관계가 고스란히 담긴 '삶의 청사진'이다. 그리고 이 데이터는 기기 내부(On-device)에만 머무르지 않고, 더 나은 서비스를 제공한다는 명목하에 클라우드 서버 어딘가로 전송되어 차곡차곡 쌓인다.

해킹의 차원: 얼굴에서 인생으로

이것은 보안의 관점에서 끔찍한 시나리오를 내포한다. 해커가 내 스마트폰을 털면 기껏해야 갤러리에 저장된

'셀카(얼굴)'나 연락처를 가져갈 뿐이다. 하지만 내 헤드셋 계정을 털면? 해커는 '내 집의 정밀 설계도'와 '나의 일거수일투족'을 가져가게 된다.

내가 잠옷 차림으로 방 안에서 무엇을 하는지, 내 침실의 구조가 어떻게 생겼으며 귀중품은 어디에 보관되는지, 전 세계 어디서든 들여다볼 수 있는 '디지털 패놉티콘'이 내 안방에 구축되는 것이다. 이것은 단순한 정보 유출의 문제가 아니다. 물리적 공간의 벽이 허물어지고, 우리의 삶 전체가 발가벗겨지는 '공간 프라이버시(Spatial Privacy)'의 섬뜩한 위협이다.

동공은 거짓말을 못 한다: 마음을 훔치는 기술

불수의적 반응의 채굴

"눈은 마음의 창이다." 이 오래된 격언은 이제 문학적 수사가 아니라, 무서운 과학적 사실이자 비즈니스 모델이 되었다. 인간의 눈은 뇌의 확장 기관이다. 우리는 관심 있는 대상을 본능적으로 0.5초 더 오래 응시한다. 매력적인 이성을 보거나 사고 싶은 물건을 발견하면, 의지와 상관없이 동공이 풀리고 확장된다. 심장 박동이나 땀 분비처럼, 내가 의식적으로 조절할 수 없는 '불수의적

(Involuntary) 반응'이다.

공간 데이터가 내 '방'을 훔쳐보는 것이라면, 더 소름 끼치는 것은 내 '뇌'를 해킹하는 기술, 바로 '시선(Eye) 데이터'다. 공간 컴퓨팅 기기의 핵심 인터페이스인 '아이 트래킹(Eye-tracking)'은 우리에게 마법 같은 편리함을 준다. 눈길만 주면 앱이 실행되고 화면이 스크롤된다. 하지만 이 기술이 기업에는 소비자의 뇌 속을 들여다보는 초정밀 현미경이기도 하다.

쇼핑몰의 독심술사

가상의 쇼핑몰 앱 상황을 상상해 보자. 당신이 진열대에 놓인 빨간색 운동화를 3초간 응시한다. 그리고 시선을 가격표로 옮기는 순간, 동공이 미세하게 흔들리며 수축하고, 시선이 가격표와 운동화 사이를 빠르게 왕복한다. 당신은 아무 말도 하지 않았고, 어떤 버튼도 누르지 않았다. 하지만 AI는 이미 당신의 마음을 읽었다.

> '분석 완료: 이 고객은 디자인에 90% 이상의 호감을 느꼈으나, 가격에 대한 심리적 저항이 발생함. 현재 구매 욕구와 이성적 통제 사이에서 갈등 중. 심리적 저항선이 붕괴되기 직전임.'

AI는 즉시 눈앞에 '지금 구매 시 10% 추가 할인' 쿠폰을 팝업으로 띄운다. 당신은 '어? 마침 할인하네? 운이 좋군'이라고 생각하며 결제 버튼을 누르겠지만, 사실 그것은 운이 아니다. 당신의 눈이 이미 자백해 버린 욕망을 AI가 낚아챈 결과다. 이는 기존의 타기팅 광고와는 차원이 다르다. 나의 무의식적 욕망이 나보다 먼저 기계에 의해 해석되고 조작되는 것이다.

쇼핑을 넘어선 위협: 사상의 검열

더 심각한 문제는 이 시선 데이터가 단순히 물건을 파는 데에만 쓰이지 않을 것이라는 점이다. 시선 데이터를 장기간 정밀 분석하면, 그 사람의 성적 취향(어떤 성별을 더 오래 보는지), 정치적 성향(어떤 뉴스 헤드라인에 동공이 반응하는지), 현재의 정신 건강 상태(우울증, 주의력 결핍, 치매 초기 증상), 심지어 당신이 거짓말을 하고 있는지까지 알아낼 수 있다.

키보드나 터치는 내가 '의도'해서 입력하는 행위다. 우리는 쓰려던 글을 지울 수도 있고, 거짓으로 입력할 수도 있다. 하지만 눈동자의 움직임과 동공의 반응은 숨길 수가 없다. 그것은 생물학적 반사 작용이기 때문이다. 나의 가장 내밀한 무의식과 사상이 실시간으로 채굴당하고 프로파일링되는 세상. 이것은 조지 오웰이 경고한 〈1984〉의 텔레스크린보다 더 강력하고 은밀한 감시 체계다.

도플갱어와 유령의 손길: 나를 잃어버린 가상 세계

딥페이크와 정체성의 위기

공간과 마음이 털리는 것도 모자라, 생성형 AI는 이제 '나'라는 존재 자체를 위협한다. 생성형 AI가 가져온 축복 뒤에는 '정체성 도난(Identity Theft)'이라는 가장 끔찍한 저주가 숨어 있다. 과거에는 누군가를 사칭하려면 그 사람의 신분증을 위조해야 했지만, 이제는 목소리 샘플 몇 초와 사진 한 장이면 충분하다. 딥페이크(Deepfake) 기술은 실제와 가상을 구별하는 인간의 눈과 귀를 완벽하게 속인다.

상상해 보라. 어느 날 아침 눈을 떴는데, 내 친구들이 나에게 욕설을 퍼붓는 메시지를 보낸다. 알고 보니 '나와 똑같이 생긴, 내 목소리를 가진 아바타'가 메타버스 공간을 돌아다니며 지인들에게 돈을 빌리고, 차마 입에 담지 못할 성희롱을 하고 다닌 것이다. 범인은 잡히지 않고,

그 '도플갱어'가 저지른 짓에 대한 사회적 비난과 평판의 추락은 온전히 '진짜 나'의 몫이 된다. 내가 하지 않은 일로 내가 파멸하는 세상. 공간 컴퓨팅 시대에 '나'라는 존재는 언제든 복제되고, 왜곡되고, 도용될 수 있는 0과 1의 데이터 조각으로 전락할 위기에 처해 있다.

유령의 손길

더욱 섬뜩한 것은 가상 공간에서 벌어지는 '신체적 침해'다. 흔히들 "가상 공간에서 만진다고 진짜 아픈 것도 아니잖아?"라고 반문한다. 하지만 최근 보급되고 있는 '촉각 슈트(Haptic Suit)'는 가상의 바람, 총알의 충격, 그리고 누군가의 손길을 실제 촉각으로 변환해 피부에 전달한다.

악의적인 사용자가 내 아바타에게 다가와 강제로 신체를 만지는 '가상 성추행'을 저질렀다고 가정해 보자. 물리적인 살갗은 닿지 않았을지 몰라도, 나의 뇌는 그 끔찍한 상황을 실제 상황과 똑같이 인식한다. 시각과 청각, 그리고 슈트를 통한 촉각 정보가 결합하는 순간, 뇌는 이것을 '가짜'가 아닌 '실제 경험(Experience)'으로 저장해 버린다. 이때 피해자가 느끼는 불쾌감과 공포는 실제 성추행 피해와 다를 바 없는 정신적 외상(트라우마)을 남긴다. 이를 '팬텀 터치(Phantom Touch, 유령 감각)'라고 한다. 가상의 유령이 남긴 상처가 현실의 영혼을 파괴하는 것이다.

거북이 같은 법, 토끼 같은 기술

문제는 속도다. 기술은 토끼처럼 빛의 속도로 달아나며 새로운 범죄 유형을 만들어 내는데, 법과 윤리는 거북이처럼 엉금엉금 기어가고 있다. 우리는 아직 가상 공간 내의 사유 재산은커녕, 내 아바타의 '신체적 자기결정권'이 어디까지인지조차 합의하지 못했다. 아바타를 만지는 행위를 처벌할 법적 근거가 희미한 무법천지, 그곳이 바로 지금의 메타버스다.

결론: 뉴로 라이츠와 인지적 자유

우리는 지금 중대한 갈림길에 서 있다. 공간 컴퓨팅은 우리에게 물리적 제약을 뛰어넘는 무한한 자유와 편의를 약속한다. 하지만 그 대가로 우리는 우리의 공간과 시선, 뇌의 반응, 그리고 정체성까지 데이터로 지불해야 할지도 모른다.

이러한 위협 앞에서 최근 전 세계 뇌과학자와 법학자들 사이에서는 '뉴로 라이츠(Neuro-rights, 신경권)' 논의

가 뜨겁게 달아오르고 있다. 이는 기존의 신체적 자유를 넘어, '나의 정신과 뇌 데이터가 온전히 나만의 것으로 남을 수 있는 권리'를 의미한다. 편의라는 미명 아래 자행되는 이 거대한 데이터 거래에서, 우리는 과연 주체적인 사용자로 남을 수 있을까? 아니면 정교하게 설계된 디지털 패놉티콘의 수감자로 전락할 것인가?

기술은 가치 중립적이지만, 그 기술을 설계하고 데이터를 소유하는 기업은 결코 중립적이지 않다. 우리는 기술의 발전에 감탄만 하고 있어서는 안 된다. 이 기기가 내 방의 무엇을 보고 있는지, 내 눈동자의 움직임이 어디로 전송되는지 끊임없이 질문하고 감시해야 한다. 프라이버시와 존엄이 보장되지 않는 메타버스는 유토피아가 아니다. 그것은 인류 역사상 가장 정교하고 화려하게 설계된 '디지털 감시 감옥'일 뿐이다. 내 방과 내 마음이 온전히 나만의 것으로 남을 때, 비로소 우리는 기술의 주인이 될 수 있다.

참고문헌

김영서 외(2025). "멀티모달 대조 학습 모델의 프라이버시 보호를 위한 라벨 차등 프라이버시 연구". 《정보처리학회 논문지》, 14(5), 289~296쪽.

남진숙(2022). "디스토피아(dystopia)적 상상력과 현실 문제 인식 -

소설집 『미세먼지』를 중심으로". 《문학과환경》, 21권 1호, 65~104쪽.
신병윤 김광현(2009). "개인주거공간의 프라이버시와 공적공간관계에 관한 연구". 대한건축학회 논문집 계획계. 25권 7호, 37~48쪽.
심현철(2023). "라이다(LiDAR) 측량기법을 활용한 고분분포현황 조사". 《헤리티지: 역사와 과학》, 56(4), 54~70쪽.
이은원·김진현(2025). "장애물 정보를 포함한 SLAM 기반 실시간 환경 맵핑 알고리즘의 개발 및 구현". 《로봇학회 논문지》, 20(2), 245~251쪽.

10
호모 프롬프트의 공간 리터러시
: 질문하는 인간이 공간을 지휘한다

생성형 AI가 모델링 · 코딩 같은 '손의 노동'을 대신하게 되면서, 인간은 더 이상 "어떻게 구현할까"가 아니라 "무엇을 꿈꾸고, 어떻게 질문할 것인가"를 고민하는 존재가 되었기 때문이다. 공간 리터러시는 VR 기기 사용법이 아니라, 의자 하나를 놓더라도 그 자리에 담길 감정과 서사, 경험의 동선을 설계하는 힘이며, 텍스트 투 3D, 공간 음향, 비전 AI라는 수십 명의 AI 연주자를 거느리고 나만의 세계를 연출하는 '지휘자'로 인간이 거듭나게 하는 핵심 역량이다.

AI와 미래 의사?

손의 시대가 저물고, 질문의 시대가 도래하다

인류의 역사는 곧 '손'의 역사였다. 직립 보행을 시작하며 자유로워진 두 손으로 우리는 돌도끼를 깎아 짐승을 사냥했고, 붓을 들어 동굴 벽에 염원을 그렸으며, 흙을 빚어 그릇을 만들었다. 산업혁명 이후에는 스패너와 볼트를 조이며 거대한 강철 기계를 움직였고, 정보화 시대에 이르러서는 키보드와 마우스를 현란하게 두드리며 디지털 세상을 구축했다.

우리는 스스로를 '호모 파베르(Homo Faber)', 즉 '도구의 인간'이라 칭하며 자부심을 느꼈다. 손끝에 박힌 굳은살의 두께는 곧 그 사람의 성실함을 증명하는 훈장이었고, 도구를 다루는 손기술의 숙련도(Skill)는 전문가와 비전문가를 가르는 견고한 성벽이었다. 3D 공간을 다루는 영역은 더욱 가혹했다. 전문가가 되기 위해서는 마우스를 0.1mm 단위로 움직여 수천 개의 폴리곤을 깎아야 했고, C++이나 파이선 같은 난해한 주문을 밤새워 암기해야 했다. 이 높은 진입 장벽 안에서 기술자들은 안도감을 느꼈다. 기술이라는 성벽이 그들의 권위를 지켜 주었기 때문이다.

그러나 생성형 AI의 등장은 이 오랜 성벽을 단 한 번의 파동으로, 그리고 무자비할 정도로 순식간에 무너뜨렸다. 앞서 우리가 1장부터 9장까지 목격했듯, 이제 모델링도, 텍스처링도, 코딩도, 심지어 복잡한 물리 연산도 AI가 대신한다. 인간이 수십 년을 바쳐 연마해야 했던 '기능(Function)'의 영역을 AI는 단 0.1초 만에 학습하고 실행한다. "이것을 기술적으로 어떻게 구현하지?(How)"라는 골치 아픈 문제는 더 이상 인간의 고민거리가 아니다. AI는 이미 정답을 알고 있거나, 적어도 정답에 근접한 수백 개의 시안을 순식간에 내놓을 준비가 되어 있다.

그렇다면 기계가 모든 '만들기'를 수행하는 시대에, 인간에게 남은 최후의 성역은 무엇인가? AI가 결코 흉내 낼 수 없는, 오직 인간만이 할 수 있는 노동은 무엇인가? 그것은 바로 "무엇을 꿈꿀 것인가(What)", 그리고 그 꿈을 현실로 꺼내기 위해 "어떻게 질문할 것인가(How to Ask)"이다. 바야흐로 손의 굳은살이 사라진 자리에 '질문의 근육'을 키워야 하는 새로운 인류, '호모 프롬프트(Homo Prompt)'의 시대가 도래한 것이다.

디지털 연금술: 모호한 상상을 구체적 현실로

'프롬프트(Prompt)'라는 단어는 단순히 검색창에 입력하는 키워드가 아니다. 그것은 거대한 지성체인 AI를 깨우는 마법의 주문이자, 내 머릿속의 형체 없는 상상을 구체적인 현실로 끌어내리는 '디지털 연금술'의 도구다.

과거의 연금술사들이 납을 금으로 바꾸려다 실패했지만, 호모 프롬프트는 텍스트라는 납을 3차원 공간이라는 금으로 변환한다. 하지만 모든 이가 성공하는 것은 아니다. 똑같은 붓과 물감을 쥐여 줘도 누구는 의미 없는 낙서를 하고 누구는 불후의 명작을 그리듯, 생성형 AI 시대의 실력 차이는 마우스를 다루는 손기술이 아니라 AI에게 던지는 '질문의 깊이'와 '상상의 크기'에서 판가름 난다.

AI는 거울과 같다. 우리가 얕은 질문을 던지면 얕은 대답을 내놓고, 심오한 질문을 던지면 심오한 통찰을 내놓는다. "예쁜 의자 만들어 줘"라고 뭉뚱그려 말하면 AI는 인터넷에 널려 있는 가장 평균적이고 진부한 의자를 내놓는다. 하지만 "19세기 빅토리아 시대의 우울함이 묻어나는, 그러나 벨벳 질감으로 따뜻함을 잃지 않은, 누군가를 기다리는 듯한 낡은 안락의자를 만들어 줘"라고 구체적으로 질문하면, AI는 그 맥락을 읽고 서사가 담긴 오브제를 창조한다. 질문하는 능력이 곧 창조의 능력인 것이다.

공간 리터러시: 가구 배달부와 공간 연출가의 차이

문자를 읽고 쓰는 능력을 '문해력(Literacy)'이라고 한다. 인류는 오랫동안 텍스트 리터러시와 미디어 리터러시를 교육받아 왔다. 그러나 텍스트와 영상의 시대를 넘어, 공간 자체가 정보가 되는 공간 컴퓨팅의 시대가 오면 우리에게는 전혀 새로운 차원의 문해력, 즉 '공간 리터러시(Spatial Literacy)'가 요구된다.

공간 리터러시는 단순히 VR 기기의 조작법을 익히거나 3D 툴의 메뉴를 외우는 기능적인 능력이 아니다. 그것은 공간의 '맥락(Context)'을 읽어 내고, 그 안에서 사용자가 겪게 될 '경험(Experience)'을 설계하는 능력이다. 이를 쉽게 이해하기 위해 AI와 인간의 차이를 '가구 배달부'와 '공간 연출가'로 비유해 보자.

AI에게 "거실에 의자를 하나 놔 줘"라고 명령해 보자. AI는 기하학적 데이터를 분석하여 바닥 평면을 인식하고, 중력 법칙에 위배되지 않게 의자를 툭 던져 놓는다. 물리적으로는 완벽한 배치다. AI는 아주 훌륭하고 힘센 '가구 배달부'다. 하지만 AI는 그 의자가 '왜' 거기에 있어야 하는지, 그 의자에 앉을 사람이 지금 '어떤 기분'일지, 그리고 그 의자에 앉아서 '무엇'을 바라봐야 하는지는 전혀 모른다. AI에게 의자는 그저 공간 좌표를 점유하는 데이터 덩어리(Object)일 뿐이다.

하지만 공간 리터러시를 가진 인간, 즉 호모 프롬프트는 다르다. 그는 의자 하나를 놓더라도 그 안에 '서사(Narrative)'를 부여한다. "사용자가 힘든 하루를 마치고 이 문을 열고 들어왔을 때, 창밖으로 지는 붉은 노을을 정면으로 마주하며 하루의 위로를 받았으면 해. 그러니 안락의자는 TV가 아닌 창가를 향해 15도 비스듬히 틀어서 배치하고, 그 옆 협탁에는 따뜻한 색온도의 조명과 읽다 만 시집을 둬 줘. 바닥에는 발이 시리지 않게 러그를 깔아 주고."

어떠한가? 전자가 단순한 '배치'라면, 후자는 '연출'이다. 공간의 의미를 해석하고, 그 안에서 사용자가 느낄 감정의 동선을 짜는 힘. 이것은 데이터가 아니라 '공감'에서 나오며, 확률 통계가 아니라 '인문학적 통찰'에서 나온다. 오직 피가 흐르는 인간만이 할 수 있는 '공간 기획'의 영역이다. 미래의 인재는 코드를 잘 짜는 기술자가 아니다. AI라는 유능한 배달부들에게 정확한 지시를 내려, 텅 빈 공간을 감동과 이야기로 채울 줄 아는 '공간의 총괄 디렉터'가 될 것이다.

지휘봉을 든 당신, 나만의 교향곡을 연주하라

기술이 고도화될수록 역설적이게도 가장 인간적인 역량이 중요해진다. AI는 수조 개의 데이터 안에서 확률적으로 가장 빈도가 높은, 즉 가장 완벽한 '정답'을 찾아내는 데는 타의 추종을 불허하는 선수다. 하지만 예술과 창작의 영역에서 '정답'이 항상 '감동'을 주는 것은 아니다. 때로는 비합리적인 배치, 의도된 결핍, 엉뚱한 상상이 사람의 마음을 움직인다. 존재하지 않는 것을 몽상하고, 엉뚱한 질문을 던지고, 계산되지 않은 '비합리적인 아름다움'을 만들어 내는 것은 여전히 인간의 성역이다.

공간 컴퓨팅과 생성형 AI의 결합은 우리에게 기술자가 아닌 '지휘자(Conductor)'가 될 것을 요구한다. 오케스트라 지휘자를 떠올려 보자. 그는 바이올린을 켤 줄 모르고, 팀파니를 직접 두드리지도 않는다. 하지만 그는 각 악기가 언제 침묵해야 하는지, 언제 폭발해야 하는지, 이 모든 소리가 어우러져 어떤 감정을 전달해야 하는지, 그 거대한 '빅 픽처(Big Picture)'를 알고 있는 유일한 사람이다.

우리는 이제 AI라는 수백 명의 비르투오소(Virtuoso, 명연주자)를 거느린 지휘자다. '텍스트 투 3D'라는 붓으로 공간의 형태를 그리고, '공간 음향'이라는 악기로 공기의 질감을 조각하며, '비전 AI'라는 조명으로 현실과 가상을 융합한다. 이 모든 도구를 마음껏 부리며 '나만의 세계'라는 교향곡을 연주해야 한다.

두려워할 필요는 없다. 과거에는 악기 하나를 제대로 연주하기 위해 청춘을 바쳐야 했지만, 이제는 지휘봉을 드는 법만 배우면 된다. 그 지휘봉을 드는 법이 바로 '질문하는 법'이다. 당신의 손짓 하나에 공간이 생겨나고, 당신의 말 한마디에 세상의 규칙이 바뀐다. 이것은 신화 속 신들의 능력이었으나, 이제는 당신의 능력이 되었다.

관객석을 박차고 무대 위로

이 책의 첫 장에서 우리는 앨리스처럼 거울을 바라보며 유리 벽 너머의 세상을 동경했다. 그러나 이제 우리는 그 거울을 깨고 안으로 들어왔다. 그리고 깨달았다. 그곳은 누군가가 미리 만들어 놓은 테마파크가 아니라, 내가 직접 짓고 허물 수 있는 나의 영토라는 사실을.

이제 이 책을 덮는 순간, 당신은 더 이상 스크린 밖에서 남이 만든 세상을 구경하는 '무력한 관찰자'가 아니다. 당신은 그 세상의 '창조자'이자 '거주자'다. 코딩을 몰라도 좋다. 3D 툴을 다룰 줄 몰라도 좋다. 당신에게 필요한 것은 오직 하나, '상상하겠다는 의지'와 '질문하겠다는 용기'뿐이다.

당신의 상상력은 프롬프트가 되어 공간을 흐르고, 당신의 질문은 AI를 통해 눈앞의 현실이 된다. 당신의 머릿속에만 존재하던 그 아름답고 기이한 세계를 이제 밖으로 꺼내어 보여 달라.

자, 무대는 넓고 조명은 켜졌다. 수백만 개의 AI 오케스트라가 숨을 죽이고 당신의 손끝만 바라보고 있다. 지휘봉을 들어라. 그리고 시작하라. 이제 당신만의 우주를 지휘할 시간이다.

참고문헌

김진형(2017). "호모 파베르(Homo Faber)와 호모 에티쿠스(Homo Ethicus) 사이에서". 《철학탐구》, 48, 223~243쪽.

전현주(2025). "디지털 시대의 창의적인 글쓰기 도구, 생성형 AI의 프롬프팅에 관한 연구". 《디지털콘텐츠학회논문지》, 26(2), 275~285쪽.

오연재·김응곤(2015). "유아영어 인지 능력 개발을 위한 모바일 AR 콘텐츠 개발". 《한국전자통신학회 논문지》, 10(2), 297~302쪽.

이동기(2021). "공간정보정책에 있어 정책 리터러시가 정부신뢰와 정책지지에 미치는 영향요인". 《한국자치행정학보》, 35(1), 35~57쪽.

오연재

1994년 교육계에 입문한 이래, 31년간 현장과 강단을 오가며 실무 중심의 교육을 실천해 온 인공지능 및 공학 교육 전문가다. 학원에서 시작하여, 초·중·고방과 후 교육을 하였으며, 현재 국립순천대학교 학술연구교수에 이르기까지, 교육의 전 과정을 몸소 체험하며 깊이 있는 내공을 쌓았다.

그는 이학 박사의 학문적 전문성과 10년여의 산업체 대표 경력, 그리고 31년의 교육 경험을 결합한 '현장형 교육자'다. 순천대, 전남대, 배재대, 명지전문대 등 다수의 대학에서 프로그래밍, 캐드(CAD), 유니티(Unity) 등 IT 핵심 기술을 지도하며 수많은 인재를 배출했다.

그의 연구 궤적은 기술의 진보와 맥을 같이한다. 초기 알고리즘과 캐드 교육 연구를 시작으로, '모바일 AR 기반 설계도면 3D 시각화 시스템'으로 박사 학위를 취득하며 AR/VR 분야의 전문성을 입증했다. 최근에는 4차 산업혁명의 핵심인 '생성형 인공지능(Generative AI)'에 집중하며 기술과 교육의 융합을 선도하고 있다. 또 AR, VR을 부동산과 접목하고자 부동산 박사도 취득했다.

저술 및 학술 활동 또한 탁월하다. 《생성형 AI를 활용한 유니티 게임 제작 입문》 등 10권 이상의 저서를 집필하여 기술 대중화에 앞장섰으며, SCI급 논문을 포함한 30건 이상의 논문 연구 실적과 17회 이상의 논문상 수상, 4건의 특허 등록, 13건 이상의 저술 활동을 통해 연구가 실질적 가치를 창출하고 있음을 증명한다.

현재 그는 생성형 AI를 활용한 교과목 개발과 AI 기반 예술 창작 연구에 매진하고 있으며, 법무부 표창을 수상하기도 했다. 오연재 교수는 기술이 인간의 창의성을 확장하는 방법을 끊임없이 탐구하며, 급변하는 AI 시대에 명확한 비전을 제시하는 교육 혁신의 동반자로 자리매김하고 있다.